Bidaya
بِدَايَة
(الكتاب الاساسي)
Textbook
كتاب تعليمي منهجي
وفق طريقة مبتكرة - لقراءة القرءان الكريم
قدّم له
الشيخ كريم راجح
شيخ قراء الشام
الشيخ أحمد المعصراوي
شيخ عموم المقارئ المصرية
الشيخ محمود عكاوي
شيخ قراء لبنان
الشيخ يحى الغوثاني
المستشار القرآني في المسجد النبوي
الشيخ وليد المنيسي
شيخ قراء أمريكا
الشيخ أحمد محمد الشحي

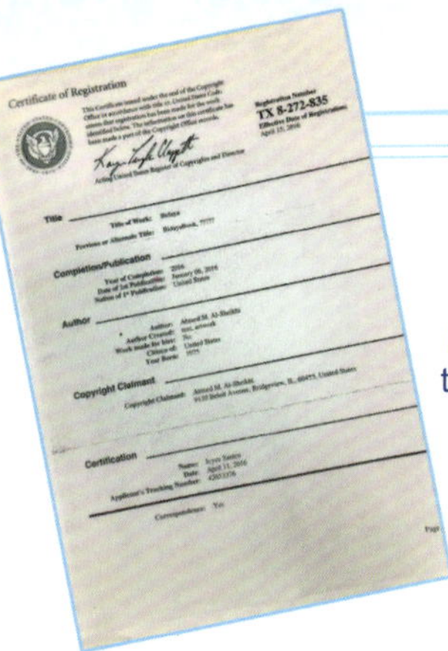

Copyrights © by

All rights reserved.
No part of this book may be photocopied, reproduced, stored in a retrieval system, or transmitted in any form or by any means, electronic or mechanical or recorded without written permission from the publisher.

جميع الحقوق محفوظة

لا يسمح بأي جزء من هذا الكتاب بتصويره أو استنساخه أو تخزينه في نظام استرجاع أو نقله بأي شكل أو بأي وسيلة سواء كانت إلكترونية أو ميكانيكية أو تسجيله دون الحصول على إذن خطي من الناشر.

Author
Ahmad Alsheikhi

الشيخ أحمد محمد الشيخي

Designed
Waleed Lutfe
@DesignBox
00962777413240

Edition 2020
ISBN: 978-0-9966797-0-1

وسائل مساندة للكتاب
Supplementary Materials

For more information visit our website موقعنا زورا أكثر معلومات على للحصول

www.bidayabook.com

bidaya book بداية كتاب
Email: bidayabook@gmail.com

Introduction

With twenty years of experience, through holding Quran classes for various Libyan, European, and American communities, I truly understand the variety of methods utilized for teaching the Quran. I have thoroughly studied the methods in which the Quran was taught and found that most of them lack a structure that starts with teaching a child how to accurately read before they start the process of official memorization. Rather, I found that most of the methods I have encountered are based upon sole repetition of the Quran for memorization (known as Talqeen) and do not give students the tools to individually read, memorize, and review the Quran. Although effective in the short term as it brings about quick results and makes the teacher's job easier, this method of repetition is very time-consuming, intellectually undemanding, tiring, and simply boring. Furthermore, with Talqeen, a student could forget what he memorized a mere few days later. I am in no position to denounce this method of Talqeen to memorize the Quran. In fact, it is necessary to listen to the Quran and study directly from a Sheikh to learn it. My objective here is to make reading, rather than repeating, the foundation of any student's abilities to memorize the Quran. My goal is to make it easy for any student to learn to read. I truly hope that anyone, through this book, will easily learn how to read and thereby gain the motivation to read, review, and memorize the Quran enjoyably. Through this, I hope the Quran will become any student's close friend throughout his life.

Therefore, it is my honor to add this short book to the Quranic Library on how to read the Quran for people of all ages and varying nationalities. I have called this book Bedaya (or Beginning). This book is a systematic, step-by-step approach to learning how to read the Quran. I have accurately and precisely organized the book to cumulatively improve any student's level. I presented the book unto highly skilled and learned Sheikhs who are versed in the Quran, the Arabic Language, and the modern day Quranic and educational curriculum. Thankfully, they commended me on the ideas and the structure of the book. Three major factors have contributed to the creation of this book: (1) my long experience in teaching and memorizing the Quran, (2) all the experience I have gained from other scholars and authors that taught the Quran, and (3) the advice and ideas I have received from all my students and their parents regarding teaching the Quran.

The reader will realize that this book is divided into eight chapters that comprise a total of twenty lessons. All chapters are connected to the basis of the Arabic Alphabet. I started with conveying the shapes and descriptions of the individual letters. I then moved onto the letters with the three Harakat, with the different types of Tanween, and with Sukoon, Shadda, and the letters of Madd. I then concluded the book with essential, complementary lessons that further improves one's ability to read the Quran. Within the book, the reader will be presented with a content map explaining how the different lessons of the book are connected.

Finally, I ask Allah to accept this deed and to make it beneficial to the students of the Quran. I also pray that Allah would bless, honor, and strengthen our Muslim Ummah, for indeed only Allah has the strength and the power to guide one unto His straight path. Ameen.

By: Sheikh Ahmed Muhammad Al-Sheikhi

Author of the book

المقدمة

الحمد لله رب العالمين والصلاة والسلام على رسولنا محمد صلى الله عليه وسلم الصادق الأمين، اللهم كما وفقت أهل الخير للخير وأعنتهم عليه وفقنا يا مولانا للخير وأعنّا عليه بفضلك و رحمتك يا أرحم الراحمين وبعد... فالحمد لله الذي أكرمنا بالإسلام وجعلنا من خدام القرآن، هذا الكتاب العزيز الذي تكفل الله بحفظه في السطور و في الصدور حتى وصلنا غضا طريا كما أنزل، فيا فوز من اختارهم الله أوعية لحفظ كتابه، ويا بشرى لمن عمل به وعلمه أو أعان على ذلك، واستشعاراً لهذه المزية أشار على بعض الإخوة أن أتفرغ لإعداد كتاب مبسط في قراءة القرآن الكريم يكون معينا للناشئة من أبناء المسلمين، فترددت في البداية ثم استلهمت من الله العون بعد إلحاح إخوة صادقين نحسبهم كذلك ولا نزكيهم على الله.

والحاصل أنه بعد تجربة تزيد على عشرين عاما في تعليم كتاب الله عز وجل والإشراف على حلقات القرآن في عدة مجتمعات متنوعة عربية وأوربية وأمريكية، تمعنت في أغلب الطرق التي تهتم بتعليم القرآن الكريم و حفظه، فوجدتها في الأعم الأغلب ينقصها البناء المنهجي الذي يبدأ بتمكين الطالب من القراءة الصحيحة فتتيسر له أداة الحفظ والمراجعة، لقد وجدت تدليلا على المشكلة المنهجية في تحفيظ القرآن، أن كثيرا من المحفظين في بعض المدارس و المراكز الإسلامية يعتمدون طريقة التلقين طريقا وحيدا لحفظ القرآن لما تنطوي عليه من قلة الجهد و ما تدره من سرعة النتائج، إضافة لما تستهلكه هذه الطريقة أي التلقين من وقت وجهد وتكرار ممل دونما تفكير أو متعة للطالب في المحاولة والتحدي، وتنتهي هذه الطريقة الى نسيان ما حفظه الطالب تلقيناً بعد أيام معدودات، ولست هنا أنظر لعدم جدوى التلقين، فلا يخفى على أحد أن الأصل في تعلم القرآن التلقي من أفواه المشايخ، بل غاية ما سعيت إليه أن أيسر للطالب قواعد القراءة لتكون أداة رئيسة لاستذكار القرآن ومراجعته ومحفزاً لاسترجاع ما قد ينساه، و معينا لمن يرغب في ختمه حفظا و استظهارا و بذلك يصير القرآن رفيقا للطالب في دربه و حياته.

و تأسيسا على ما سبق، فإني أتشرف بأن أضيف إلى المكتبة القرآنية كتابا مختصراً في تعليم قراءة كتاب الله عزوجل لكل الأعمار والجنسيات، و قد أسميته (بداية)، وهي بداية علمية بطريقة متدرجة توخيت فيها ترتيب دروسها وفق ميزان تراكمي دقيق جاء نتيجة أمور ثلاثة، أولا: ما حباني الله تعالى به من تجربة طويلة في تحفيظ القرآن للناشئة تجاوزت ثمرتها مجرد تعليم القراءة إلى شرف تخريج عدد من الحفاظ المتقنين من ذوي الجنسيات المختلفة في بلاد الغرب، ثانيا: ما اكتسبته من فوائد متفرقة في ثنايا التجارب السابقة للمؤلفين الذين اهتموا بتعليم قراءة القرآن، ثالثا: ما تلقيته من توصيات ونصائح و أفكار من معلمي القرآن والطلاب وأولياء أمورهم، وهذه الأمور الثلاثة مجتمعة ساعدت على تبلور فكرة الكتاب الذي أتشرف بتقديمه.

وقد عرضته على ثلة من شيوخنا الكرام، المتخصصين في علوم القرآن واللغة وفنون الإشراف على الحلقات القرآنية والمناهج التربوية الحديثة، وبفضل الله وكرمه أجازوني فيما قدمته لهم من مادة الكتاب، وسيظهر للقارئ الكريم أن الكتاب جاء مقسما إلى ثمانية أبواب اشتملت في جملتها على عشرين درساً، و قد جاءت الأبواب جميعها مرتبطة بالحروف الهجائية، فبدأت بتناول الحروف الهجائية وأشكالها وصفاتها، ثم حال الحروف الهجائية مع الحركات الثلاث، ثم حالها مع التنوين بأنواعه، ثم حالها مع السكون والشدة ثم حالها مع حروف المد الطويلة، وختمت الكتاب بطائفة من الفوائد المكملة لقواعد القراءة، و للقارئ الكريم أن يستكشف الترابط المنهجي لدروس الكتاب بالاستعانة بالخريطة التي أثبتناها في بداية الكتاب.

و الله أسأل أن يتقبل هذا العمل بالتمام والكمال و أن ينتفع به طلبة القرآن وأهله، كما أسأله سبحانه أن يمن على أمتنا الاسلامية العزيزة الأبية بالنصر والتمكين، إنه ولي ذلك والقادر عليه والله الموفق والهادي إلى سواء السبيل.

الشيخ: أحمد محمد الشيخي

مؤلف الكتاب

خطوات تعلم القرءاة في منهجية بداية
The Quran Reading Course Map

القراءة من المصحف بأحكام التجويد
Reading from the quran with tajweed rules

أية قصيرة وطويلة من القرءان الكريم
Short and Long Verses Reading

أحكام هامة من علم التجويد
The Quran Recitation Rules (Tarweed)

قواعد الجمع بين الكلمتين
The Two-Word Articulation Rules

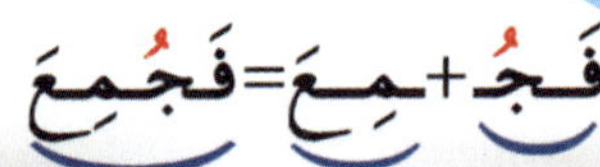

كلمة من 4 أحرف أو اكثر (مخرج - صفة - زمن – تقطيع)
The Four-or-more-Letter Words
(place, manner and time of articulation - syllables)

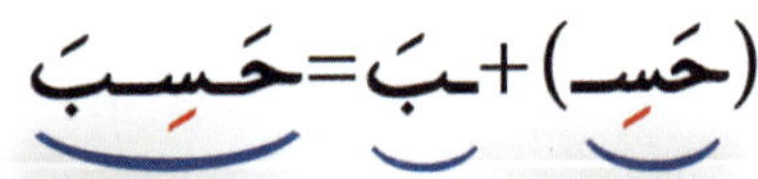

كلمة من 3 أحرف (مخرج - صفة - زمن – تقطيع)
The Three-Letter Words
(place, manner and time of articulation - syllables)

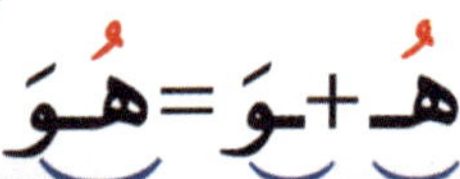

كلمة من حرفين (مخرج - صفة - زمن – تقطيع)
The Two-Letter Words
(place, manner and time of articulation - syllables)

اسم الحرف المركب في الكلمة
The Compound Letters in a word

شكل الحرف (أول - وسط - اخر) الكلمة
Letter Shapes in (initial - middle - final) positions

اسم الحرف الهجاني (مخرج – صفة)
Letters' Names (place and manner of articulation)

خارطة دروس الكتاب
The Book Lessons' Map

اختبار تحديد مستوى — Placement Test

هذا الاختبار يقوم به المدرس للطالب قبل البدء في دروس الكتاب وذلك لمعرفة مستوى الطالب من حيث القواعد، حيث إن هذه الكلمات التي في هذا الاختبار تشمل كل الدروس التي في الكتاب ، وبهذا الاختبار يتعرف المدرس على مستوى الطالب وما الذي يحتاجه من دروس ؟ ومن أي باب أو درس يبدأ ؟ وهذا الاختبار هو البوصلة التي تحدد بها إمكانية القراءة بالنسبة للطالب.

The teacher gives the student this test before he/she begins the lessons in the book to determine the student's reading level. This test includes all of the lessons, so the teacher may decide which lesson or chapter the student should start from based on the student's performance.

الباب Chapter 1

الدرس 1

1. ب ي   س د   هـ ن   ض ز   م ت   ص ف

الدرس 2

2. ق ذ   حـ ثـ   يـ ـة   غم   ولج   شكر

الباب Chapter 2

الدرس 3 — الدرس 4

3. ذَرَ   لَمْ   قَمَرَ   عَدَلَ   مَلِكِ   إِبِلِ

الدرس 5

4. خُسِفَ   نُذُرِ   وَجَدَكَ   فَنَسِيَ   عُمُرِكَ   وَرَثَةِ

الباب Chapter 3

الدرس 6 — الدرس 7

5. مَرَحًا   قِدَدًا   مَثَلًا   عَلَقَةً   كَبِدٍ   شُغْلٍ

الدرس 7 — الدرس 8

6. بِقَدَرٍ   هُمَزَةٍ   قَسَمٌ   سِنَةٌ   كُتُبٌ   فَنُزُلٌ

الباب Chapter 4

الدرس 9 — الدرس 10

7. عَمْ   يَعْمَلْ   أَوْفِ   بِدَيْنٍ   نَأْكُلْ   يُؤْفَكُ

الدرس 11

8. مَنَّ   فَضَّلَ   شُرَّعًا   مُدَّتْ   تَقَبَّلَ   تَمَدَّنَ

الـبــاب Chapter **5**

الدرس 12						
9. أَفَاقَ	ءَادَمَ	كَانَتَا	هَـٰذَا	صَلِحًا	مُلَـٰقٍ	
الدرس 13			الدرس 14			
10. سَجَىٰ	دَسَّـٰهَا	تَفُورُ	غِيضَ	سَاهُونَ	رُوحِى	

الـبــاب Chapter **6**

الدرس 15			الدرس 16			
11. أَءُلْقِيَ	جِئْتَ	قُرِئَ	ٱهْدِ	ٱتْلُ	ٱقْرَأْ	
الدرس 16			الدرس 17			
12. فَٱعْفُ	ٱلْبَابُ	ٱلنَّاسِ	ٱلْحَمْدُ	ٱلطُّورِ	ٱلْأَرْضَ	
الدرس 18						
13. ٱلصَّلَوٰةَ	ٱلزَّكَوٰةَ	ءَامَنُوا۟	إِنَّهُ	قَوْمِهِۦ	أُو۟لُوا۟	

الباب الثامن : جمل قرآنية **8** Chapter 8 : Verses from Quran

الجمع بين الكلمتين

14. فَكُّ رَقَبَةٍ   أَكِيدُ كَيْدًا   لِيَوْمِ ٱلْفَصْلِ

قراءة آية قصيرة   قراءة آية طويلة

15. وَبُسَّتِ ٱلْجِبَالُ بَسًّا   أَلَمْ تَرَ إِلَىٰ رَبِّكَ كَيْفَ مَدَّ ٱلظِّلَّ

16. حمٓ ۝ وَٱلْكِتَـٰبِ ٱلْمُبِينِ ۝ إِنَّآ أَنزَلْنَـٰهُ فِى لَيْلَةٍ مُّبَـٰرَكَةٍ

ملاحظات على مستوى الطالب   Notes on the student's level

....

....

....

....

....

الباب الأول
Chapter one
حروف الهجاء وأشكالها
The Alphabet and its Shapes

حروف الهجاء المفردة
The Arabic Alphabet

تدريبات على حروف الهجاء المفردة
Alphabet Practice

شكل حرف الهجاء المفرد
Forms of the Alphabet

تقويم الباب
Chapter Exercises

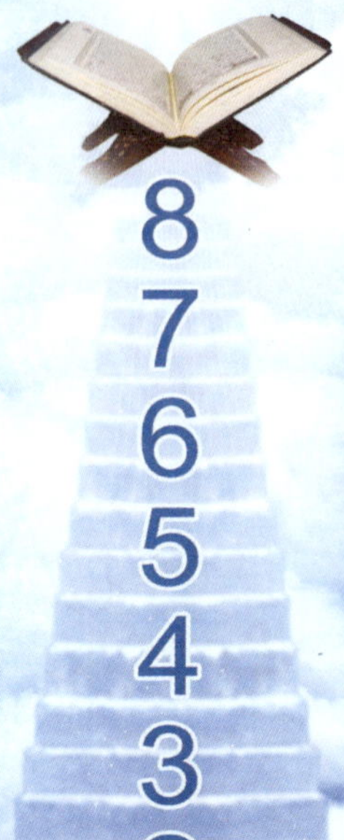

حروف الهجاء المفردة
The Arabic Alphabet

يتعرف الطالب على أشكال و أسماء الحروف ومكان مخرجها وصفاتها وكيفية نطقها تلقيناً بشكل توصيفي مبسط من المعلم.

The student learns the following aspects of each letter by imitating the instructor:
Shape, Name, Point of Articulation and Characteristics.

الحروف المرققة	الحروف الحلقية	الحروف المفخمة
Soft Letters: Rest of the letters	Letters of the Throat	Hard Letters
بقية الحروف الهجائية	ء هـ ع غ ح خ	خ ص ض غ ط ق ظ ر

خ غ الحروف الملونة بالأحمر و الأخضر هي حروف حلقية مفخمة

خ غ Letters in both red and green are hard letters of the throat

ح ع هـ ء الحروف الملونة بالأحمر و الأزرق هي حروف حلقية مرققة

ح ع هـ ء Letters in both red and blue are soft letters of the throat

Group 1 مجموعة ١

ا الف - ب باء - ت تاء - ث ثاء

تدريبات Exercise

ت	ث	ا	ب
ا	ب	ت	ث

Group 2 مجموعة ٢

ج جيم - ح حاء - خ خاء

تدريبات Exercise

ج	ب	ح	ث
ح	خ	ا	ت

حروف الهجاء المفردة
The Arabic Alphabet

مجموعة 3 Group

د دال - ذ ذال - ر راء - ز زاي

تدريبات Exercise

ح	ر	د	خ
ث	خ	ب	ت
ج	ت	ا	ز

مجموعة 4 Group

س سين - ش شين - ص صاد - ض ضاد

تدريبات Exercise

ش	د	س	ز
ز	ض	ر	ص
خ	ح	ث	ج

مجموعة 5 Group

ط طاء - ظ ظاء - ع عين - غ غين

تدريبات Exercise

ع	ش	ط	ض
غ	ص	س	ظ
د	ز	ذ	ر

حروف الهجاء المفردة
The Arabic Alphabet

مجموعة 6 Group

ف فاء - ق قاف - ك كاف - ل لام

تدريبات Exercise

ظ	ع	ف	غ
ل	ط	ق	ك
ش	ص	س	ض

مجموعة 7 Group

م ميم - ن نون - هـ هاء - و واو - ي ياء

تدريبات Exercise

ن	ي	م	ل
و	ف	ك	هـ
ط	ظ	غ	ق

مجموعة 8 Group

ء أ ؤ ئ همزة - ل + ١ أ = لا لا لأ لأ لام ألف

تدريبات Exercise

أ	١	أ	ء
ئ	ي	ؤ	هـ
لا	لا	١	ل
لأ	لأ	أ	ل

حروف الهجاء المفردة
The Arabic Alphabet

يتدرب الطالب على قراءة اسماء الحروف ومخارجها وصفاتها مجتمعةً تلقيناً بشكل توصيفي مبسط من المعلم.

Practice reading the names of the letters and noting the characteristics and articulation point together.

الحروف المرققة Soft Letters: Rest of the letters بقية الحروف الهجائية	الحروف الحلقية Letters of the Throat ء هـ ع غ ح خ	الحروف المفخمة Hard Letters خ ص ض غ ط ق ظ ر

ج جيم	ث ثاء	ت تاء	ب باء	ا ألف
ذ ذال	د دال	خ خاء	ح حاء	
ص صاد	ش شين	س سين	ز زاي	ر راء
ع عين	ظ ظاء	ط طاء	ض ضاد	
ل لام	ك كاف	ق قاف	ف فاء	غ غين
و واو	هـ هاء	ن نون	م ميم	
ل+ا = لا لا لام ألف	أ ؤ ئ همزه	ء همزه	ي ياء	

حروف الهجاء المفردة
The Arabic Alphabet

الحروف المرققة Soft Letters: Rest of the letters	الحروف الحلقية Letters of the Throat	الحروف المفخمة Hard Letters
ا ب ت ث ج ح د ذ ز س ش ع ف ك ل م ن هـ و ي ء	ء هـ ع غ ح خ	خ ص ض غ ط ق ظ ر

الحروف المتشابه نطقاً :
Similar Sounding Letters

ذ ث ظ – ط د ت – ز س ص – ف و ب م – د ض ظ

تدريبات على حروف الهجاء المفردة
Alphabet Exercise

ب	خ	ث	خ	ا	ح	ج	1
ر	ش	ص	د	س	ز	ذ	2
غ	ض	ط	ق	ع	ظ	ف	3
هـ	م	ي	ل	و	ن	ك	5
ص	س	ج	خ	ؤ	ء	لا	6
ئ	ظ	ض	ق	ك	هـ	ح	7
ن	غ	ع	ر	ل	ت	ط	8
ش	ض	ز	ظ	ذ	ث	ف	9
لا	لأ	ي	م	و	ب	د	10
خ	غ	ح	ع	هـ	أ	ا	11

شكل حرف الهجاء المفرد
Arabic Letter's Shapes

مجموعة Group 1

الحرف في آخر الكلمة at the end	الحرف في وسط الكلمة at the end	الحرف في أول الكلمة at the end	الحرف مفصولاً at the end	الرقم
ـل	ـلـ	ا	ا	1
ـب	ـبـ	بـ	ب	2
ت ـة ة	ـتـ	تـ	ت	3
ـث	ـثـ	ثـ	ث	4

تدريبات Exercise

ـت	ب	ـا	ـث	ا	ـتـ	بـ
ـث	ـب	ث	بـ	ت	ث	ت ـة ة

مجموعة Group 2

الحرف في آخر الكلمة at the end	الحرف في وسط الكلمة at the end	الحرف في أول الكلمة at the end	الحرف مفصولاً at the end	الرقم
ـج	ـجـ	جـ	ج	5
ـح	ـحـ	حـ	ح	6
ـخ	ـخـ	خـ	خ	7

تدريبات Exercise

ـخ	ح	ـجـ	ـخ	ـح	جـ
ح	ـب	خـ	ـخـ	ـج	ـح

مجموعة Group 3

الحرف في آخر الكلمة at the end	الحرف في وسط الكلمة at the end	الحرف في أول الكلمة at the end	الحرف مفصولاً at the end	الرقم
ـد	ـد	د	د	8
ـذ	ـذ	ذ	ذ	9
ـر	ـر	ر	ر	10
ـز	ـز	ز	ز	11

تدريبات Exercise

ذ	ـز	ر	ـد
ز	ـذ	د	ـر

مجموعة Group 4

الحرف في آخر الكلمة at the end	الحرف في وسط الكلمة at the end	الحرف في أول الكلمة at the end	الحرف مفصولاً at the end	الرقم
ـس	ـسـ	سـ	س	12
ـش	ـشـ	شـ	ش	13
ـص	ـصـ	صـ	ص	14
ـض	ـضـ	ضـ	ض	15

تدريبات Exercise

ـصـ	ـض	ـشـ	ـضـ	ـص	ـشـ	ـس
ـش	ـص	ـسـ	ـصـ	ـس	ـض	ـش
ـب	ـثـ	ت	ـثـ	ـب	ا	ـض
ـجـ	خ	ـحـ	ـخـ	ج	ـحـ	ت ـة ة
ـر	ـد	ـز	ـذ	ـخ	ـج	ـح

مجموعة 5 Group

الحرف في آخر الكلمة at the end	الحرف في وسط الكلمة at the end	الحرف في أول الكلمة at the end	الحرف مفصولاً at the end	الرقم
ـط	ـطـ	طـ	ط	16
ـظ	ـظـ	ظـ	ظ	17
ـع	ـعـ	عـ	ع	18
ـغ	ـغـ	غـ	غ	19

تدريبات Exercise

ـظ	ع	ـطـ	ـع	ظـ	ـغـ	عـ
ـغ	ط	ـخـ	ـطـ	ـفـ	ـظـ	ـعـ

مجموعة 6 Group

الحرف في آخر الكلمة at the end	الحرف في وسط الكلمة at the end	الحرف في أول الكلمة at the end	الحرف مفصولاً at the end	الرقم
ـف	ـفـ	فـ	ف	20
ـق	ـقـ	قـ	ق	21
ـك	ـكـ	كـ	ك	22
ـل	ـلـ	لـ	ل	23

تدريبات Exercise

ـك	ل	ـقـ	ـف	ـلـ	كـ	ـفـ
ـل	ق	ك	ـق	ف	ـل	ـفـ
					ق	كـ

مجموعة Group 7

الحرف في آخر الكلمة at the end	الحرف في وسط الكلمة at the end	الحرف في أول الكلمة at the end	الحرف منفصلاً at the end	الرقم
ـم	ـمـ	مـ	م	24
ـن	ـنـ	نـ	ن	25
ه ـه	ـهـ	هـ	هـ	26
ـو	ـو	و	و	27
ـي	ـيـ	يـ	ي	28

تدريبات Exercise

ـو	ـيـ	ـن	ـه	ـنـ	مـ
ـي	ـه	ي	ـن	ي	ـهـ
ن	م	ـمـ	و	هـ	ـمـ

مجموعة Group 8

الحرف في آخر الكلمة at the end	الحرف في وسط الكلمة at the end	الحرف في أول الكلمة at the end	الحرف منفصلاً at the end	الرقم
ء	ء	ء	ء	29
ـأ	ـأ	أ	أ	30
ـؤ	ـؤ	ؤ	ؤ	31
ـئ	ـئـ	ـئـ	ئ	32
ـلا	ـلا	لا	ل + ا = لا لا	33

تدريبات Exercise

أ	ا	لأ	لا	ؤ	و
ـئ	ـئـ	ي	ئ	ا	ء

الحروف المتشابة رسماً

Letters with Similar Shapes

ـا	ـا	ا	ا	**1**
ـل	ـلـ	لـ	ل	
ـث	ـثـ	ثـ	ث	**2**
ـش	ـشـ	شـ	ش	
ـذ	ـذ	ذ	ذ	**3**
ـد	ـد	د	د	
ـن	ـنـ	نـ	ن	
ـع	ـعـ	عـ	ع	**4**
ء	ء	ء	ء	
ـظ	ـظـ	ظـ	ظ	**5**
ـض	ـضـ	ضـ	ض	
ـة	ـه	ة	ه	**6**
ـو	ـو	و	و	**7**
ـؤ	ـؤ		ؤ	
ـي	ـيـ	يـ	ي	**8**
ـئ	ـئـ	ئـ	ئ	
ـلا	ـلا	لا	ل+ا=لا	

ث ث	ب	ت	ث ث	ت ة	ا	ـا	**1**
حـ ح	خ	حـ حـ	جـ ج	خـ خ	ج	خـ خ	**2**
ز	ر	د د	ذ ذ	د	ذ	ـز	**3**
ص ص	ش ش	شـ ش	صـ صـ	سـ سـ	ضـ ض	ضـ ض	**4**
عـ ع	عـ عـ	ظـ ظ	غـ غ	طـ ط	عـ ع	غـ غ	**5**
ـد د	كـ	لـ لـ	فـ ف	كـ كـ	قـ ق	فـ	**6**
ـبـ يـ	ـة ة	نـ نـ	مـ م	ي ن	ي	هـ	**7**
ئـ ئ	لا	ؤ ؤ	ئـ ئـ	أ	لا	ء	**8**
كـل	تو	صف	طـن صـف	خـة طـن	حـم	ال	**9**
قطـع ضغـط	شجـر	يثة	يثة زبـد	فصـح زبـد	همـس	قطـع	**10**

تقويم الباب
Chapter Exercise

1   ا   بـ   ت   ث   ـبـ   ج   ـحـ

2   ـد   ـر   ـعـ   ـيـ   ـس   ـص   ض

3   ـق   ك   ظ   ـمـ   ـل   ن   ـه

4   ال   بـأ   سـد   كـن   قل   غـم   نـك

5   هـت   مـة   طـه   تـلا   زل   عـغ   لـم

6   عـلي   جـاك   ذوق   ءاخـر   فـخر   يـمـل   أطـب

7   لبـث   شكـر   ولـج   ثيـد   مـهـب   رفـع   صـوب

8   خـوف   دفء   نـأت   لكـم   ظـفـر   نـقـع   كـسـب

يتدرب الطالب على معرفة الحروف وهي في **أول** الكلمة و**وسطها** و **آخرها** مع التأكيد على قراءة **إسم** الحرف نحو (ك) يجب أن تقرأ كاف ، (ج) تقرأ جيم وليست جا.

The student will be trained to recognize the letters in the beginning, middle and at the end of a word.

نقطة مرور : درجة النجاح التي يحتاجها الطالب لاجتياز هذا الباب هي ١٠ / ١٠ ، وهذا الباب هو أهم باب في الكتاب لأنه الأساس الذي يتعلم منه الطالب أسماء الحروف وأشكالها . ولمزيد من الاستفادة والتدريب يمكن للطالب أن يستخدم كتاب (النشاط).

Checkpoint : The student must receive a full grade (10/10) to pass this chapter. This is the most important chapter in the book because it covers the letter names and forms; this is the foundation for the remaining lessons throughout the book. For additional practice, the student can use the Bidaya workbook.

نموذج تقييم الباب ١
Chapter 1 Evaluation

يقوم المعلم بتقييم مستوى الطالب ومدى استيعابه لدروس الباب مع كتابة تقريرمختصر يصل لولي أمرالطالب ويرد عليه بتوقيعه حتى نضمن التواصل والمتابعة بين المعلم وأسرة الطالب .

The instructor evaluates the student's understanding of the lessons in the chapter by completing this form which is to be signed by the student's guardian to ensure correspondence between the instructor parents.

الدروس التي اجتازها الطالب بتفوق :
Lessons that the student passed:

(1) (2)

الدروس التي يحتاج الطالب التدرب عليها :
Lessons that need additional practice:

(1) (2)

الدروس التي يحتاج الطالب إلى إعادة شرحها :
Lessons that need to be redone:

(1) (2)

درجة نجاح الطالب في تقييم الباب:
Student's grade :

(1) (2) (3) (4) (5) (6) (7) (8) (9) (10)

ملاحظات المعلم :
Instructor's Comments :

....
....
....
....
....

توقيع ولي أمر الطالب:

Parent/Guardian's Signature

....

توقيع المعلم :

Teacher's Signature

....

الباب الثاني
Chapter Two

حروف الهجاء مع الحركات الثلاث
The Alphabet with the 3 Short Vowel Marks

حروف الهجاء مع الفتحة
The Alphabet with Fat-ha

حروف الهجاء مع الكسرة
The Alphabet with Kasra

حروف الهجاء مع الضمة
The Alphabet with Dumma

تقويم الباب
Chapter Exercises

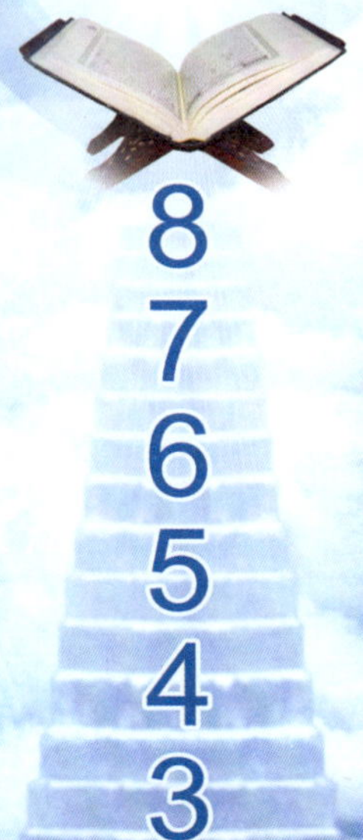

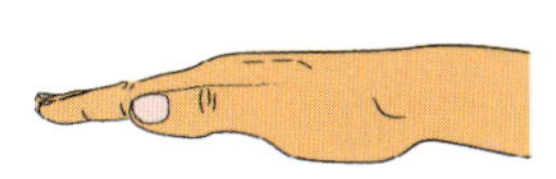

الحروف مع الفتحة
Letters with Fat-ha (ﹷ)

أَ	بَ	تَ	ثَ	جَ	حَ	خَ	دَ	ذَ	
رَ	زَ	سَ	شَ	صَ	ضَ	طَ	ظَ	عَ	غَ
فَ	قَ	كَ	لَ	مَ	نَ	هَ	وَ	يَ	

خَلَ + قَكَ = خَلَقَكَ	(نَفَ) + خَ = نَفَخَ	بَ + دَ = بَدَ

1   بَدَ   ذَرَ   لَمَ   مَعَ   كَفَ

2   نَفَخَ   رَفَعَ   ضَرَبَ   ذَهَبَ   فَسَقَ

3   أَخَذَ   قَمَرَ   كَسَبَ   خَرَجَ   بَلَغَ

4   تَرَكَ   عَدَلَ   وَجَدَ   جَمَعَ   سَكَتَ

5   خَلَقَكَ   فَمَكَثَ   وَجَدَكَ   دَرَجَةَ   فَوَقَعَ

يتدرب الطالب على قراءة الكلمة من حرفين (مَعَ) ميم فتحة مَ ، عين فتحة عَ مع بعضهم تقرأ (مَعَ)، يتدرب الطالب على قراءة الكلمة من ثلاث حروف: الأول مع الثاني ثم الثالث لوحده ثم تجمع الحروف في كلمة واحدة نحو (عَدَلَ) عين فتحه عَ، دال فتحه دَ ،عَدَ ، لام فتحه لَ ،عَدَلَ، ويتدرب الطالب على الكلمة التي من أربع حروف: تقسم إلى قسمين كل حرفين مع بعضهم ثم تجمع في كلمة واحدة نحو : (خَلَقَكَ) تقرأ (خَلَ ـ قَكَ) وتجمع في كلمة واحدة نحو خَلَقَكَ ، ومنها يتدرب الطالب على تقطيع الكلمات.

Students will be trained to read two-letter words e.g. Ma'a which will be broken down as Meem fat-ha and Ayn fat-ha, then read together form(Ma'a), students will be trained to read three-letter words, the first with the second and then both with the third. Then students will assemble the letters in one word. Ayn fat-ha Dal fat-ha make A'da; with a Lam fat-ha , it makes (A'dala). Students will be trained to read four-letter wordsby splitting th word in two parts each made up of two letters together and then assembling them in one word; e.g. Khalaqaka will be broken down into Khala and Qaka and then is assembled into one word to make Khalaqaka. The student practices splitting up words.

الحروف مع الكسرة 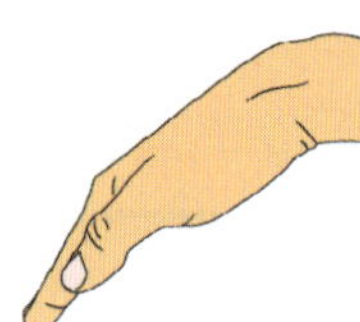
Letters with Kasra   (ـِـ)

إِ ب تِ ثِ جِ ح خِ دِ ذِ

رِ ز سِ شِ صِ ضِ طِ ظِ عِ غِ

فِ قِ كِ ل م نِ هِ و يِ

بع+صَم=بعصَم	(حَسـ)+ـبَ=حَسَبَ	بـ+ـكَ=بِكَ

1	بِكَ	إِن	لِمَ	عَن	بِهِ
2	حَسَبَ	إِبِل	يَلِجَ	عَجِبَ	فَرِحَ
3	مَلِك	خَطِفَ	كِبَرِ	بَلَدِ	غَضِبَ
4	رَضِيَ	أَمِنَ	بَقِيَ	حَبِطَ	شَرِبَ
5	بعصَم	وَشَهِدَ	فَنَسِيَ	كَمَثَلِ	بِيَدِكَ

يتدرب الطالب على قراءة الكلمة باختلاف الحركات، ويستخدم المعلم إشارة اليد للتفريق بين الحركات الفتحة والكسرة مستخدماً طريقة تقسيم الكلمة إلى إجزاء.

Students will practice reading words with different vowels, and the teacher will use the hand signal to differentiate between the fat-ha and kasra vowels. For easier pronunciation, students will learn how to break down a word into parts.

الحروف مع الضمة
Letters with Dumma
(—ُ)

أُ	بُ	تُ	ثُ	جُ	حُ	خُ	دُ	ذُ

رُ	زُ	سُ	شُ	صُ	ضُ	طُ	ظُ	عُ	غُ

فُ	قُ	كُ	لُ	مُ	نُ	هُ	وُ	يُ

فَجُ +مِعَ =فَجُمِعَ	(سُقِ)+طَ =سُقِطَ	هُ+وَ =هُوَ

١ هُوَ لَكُمْ وَقُلِ فَهُوَ يَضَعُ

٢ سُقِطَ أُذُنِ رُبُعُ طُبِعَ رُسُلُ

٣ سُبُلَ حُبُكِ نُذُرِ أُفُقِ كُتُبُ

٤ صُحُفٍ خُسِفَ شُهُبُ ضُرِبَ هُدِيَ

٥ فَجُمِعَ وَنَضَعُ فُتِحَتِ فَقُطِعَ لَقُضِيَ

يتدرب الطالب على قراءة الكلمة باختلاف الحركات، ويستخدم المعلم إشارة اليد للتفريق بين الحركات الفتحة والكسرة والضمة مستخدماً طريقة تقسيم الكلمة إلى أجزاء.

Students will practice reading words with different vowels, and the teacher will use the hand signal to differentiate between the fat-ha, kasra and Dumma vowels. For easier pronunciation, students will learn how to break down a word into parts.

2
اختبار مستوى
Test Level

نقطة مرور
Checkpoint

تقويم الباب
Chapter Exercise

الكلمة من حرفين

1 هُمُ قِلَ عَنِ يَكُ هُوَ قُمِ

الدرس 3

2 عَبَسَ مَرَجَ وَقَبَ شَرَحَ وَرَدَ خَتَمَ

الدرس 4

3 وَرِثَ أَقِمِ نَسِيَ عَمِلَ نَكِرَ رَحِمَ

الدرس 5

4 خُشُبُ كُفِرَ قُدُسِ قُتِلَ أُخَرَ قُضِيَ

كلمة من 4 حروف

5 فَفَزِعَ فَبُهِتَ وَرَثَةِ مَثَلُهُ عُمُرِكَ حُمِلَتِ

كلمة من 5 حروف

6 غُلِبَتِ كَلِمَةَ فَبَصُرُكَ لَفَسَدَتِ أَفَحَسِبَ

نقطة مرور : درجة النجاح التي يحتاجها الطالب لاجتياز هذا الباب هي ١٠/٨، حيث إن الطالب لا يستحق أن يجتاز الباب إذا كان يقرأ كل الكلمة بالتهجي ولا يستطيع أن يجمع حرفين معاً في نفس الكلمة ، حيث أن التهجي يجب أن يتوقف عند هذا الباب حتى لا تواجه الطالب مشكلة عند قراءة الكلمة ذات الحروف الكثيرة فيضيع بين تهجي حروف الكلمة وجمع حروفها الكثيرة ، ولمزيد من الاستفادة والتدريب يمكن للطالب أن يستخدم كتاب (النشاط).

Checkpoint : In order to pass this chapter, the student must receive a minimum grade of 8/10. The student cannot pass this chapter unless (s)he reads without spelling out words letter-by-letter. The student cannot continue spelling out words in the case that (s)he encounters a long word and loses sight of the entire word while spelling out each letter. For additional practice, the student can use the Bidaya workbook.

نموذج تقييم الباب ٢
Chapter 2 Evaluation

يقوم المعلم بتقييم مستوى الطالب ومدى استيعابه لدروس الباب مع كتابة تقريرمختصر يصل لولي
أمرالطالب ويرد عليه بتوقيعه حتى نضمن التواصل والمتابعة بين المعلم وأسرة الطالب .

The instructor evaluates the student's understanding of the lessons in the chapter by
completing this form which is to be signed by the student's guardian to ensure
correspondence between the instructor and parents.

Lessons that the student passed: الدروس التي اجتازها الطالب بتفوق :

3   4   5

Lessons that need additional practice: الدروس التي يحتاج الطالب التدرب عليها :

3   4   5

Lessons that need to be redone: الدروس التي يحتاج الطالب إلى إعادة شرحها :

3   4   5

Student's grade :   درجة نجاح الطالب في تقويم الباب :

1   2   3   4   5   6   7   8   9   10

ملاحظات المعلم :   Instructor's Comments :

....
....
....
....
....

توقيع ولي أمر الطالب: توقيع المعلم :

Parent/Guardian's Signature   Teacher's Signature

....

الباب الثالث
Chapter Three

حروف الهجاء مع التنوين
The Alphabet with Tanween

حروف الهجاء مع تنوين الفتح
The Alphabet with Tanween Fat-ha

حروف الهجاء مع تنوين الكسر
The Alphabet with Tanween Kasra

حروف الهجاء مع تنوين الضم
The Alphabet with Tanween Dhamma

تقويم الباب
Chapter Exercises

8
7
6
5
4
3 ← أنت هنا
You are here
2
1

تنوين الفتح
Tanween Fat-ha   (ـــًـ)

ذًا	دًا	خًا	حًا	جًا	ثًا	تًا	بًا	ءًا
غًا	عًا	ظًا	طًا	ضًا	صًا	شًا	سًا	زًا	رًا
يًا	وًا	هًا	نًا	مًا	لًا	كًا	قًا	فًا

قَ ← قًا	ذَ ← ذًا	حَ ← حًا

1	مَرَحًا	إِذًا	رَهَقًا	أَسِفًا	رَغَدًا
2	عِنَبًا	صُحُفًا	قَصَصًا	ثَمَنًا	عُمُرًا
3	جَنَفًا	كَذِبًا	مَثَلًا	سُرُرًا	رَشَدًا
4	لَبَنًا	هُزُوًا	قِدَدًا	مَلِكًا	قَدَرًا
5	ذُلُلًا	عَضُدًا	أَمَنَةً	حَسَنَةً	عَلَقَةً

يتدرب الطالب على معرفة التنوين بالفتحه، ويقارن المعلم للطالب بين حركة الفتحة وحركة التنوين حتى يتم التفريق بينهما نحو فَ، فًا (فَنْ).

Students will be able to identify the tanween fat-ha. The teacher will draw a comparison between the fat ha and tanween to clarify the difference.

تنوين الكسر
Tanween Kasra (ـــٍ)

نِ ← نٍ	تِ ← تٍ ةِ ← ةٍ	شِ ← شٍ	

1 لَبَنٍ عَمَدٍ شَجَرٍ قَبَسٍ لَهَبٍ

2 نُصُبٍ عَسَلٍ مَسَدٍ سَنَةٍ طَبَقٍ

3 شُغُلٍ حَمَإٍ كَبَدٍ دُسُرٍ أُكُلٍ

4 هُمَزَةٍ بِقَدَرٍ رَقَبَةٍ وَسُعُرٍ سَفَرَةٍ

5 بِشَرَرٍ بِنَبَإٍ بِسَحَرٍ حَسَنَةٍ بَرَرَةٍ

يتدرب الطالب على معرفة التنوين بالكسرة ، ويقارن المعلم للطالب بين حركة الكسرة وحركة التنوين حتى يتم التفريق بينهما نحو فِ ، فٍ (فِنٍ).

Students will be able to identify the tanween kasrah. The teacher will draw a comparison between the Kasra and tanween to clarify the difference.

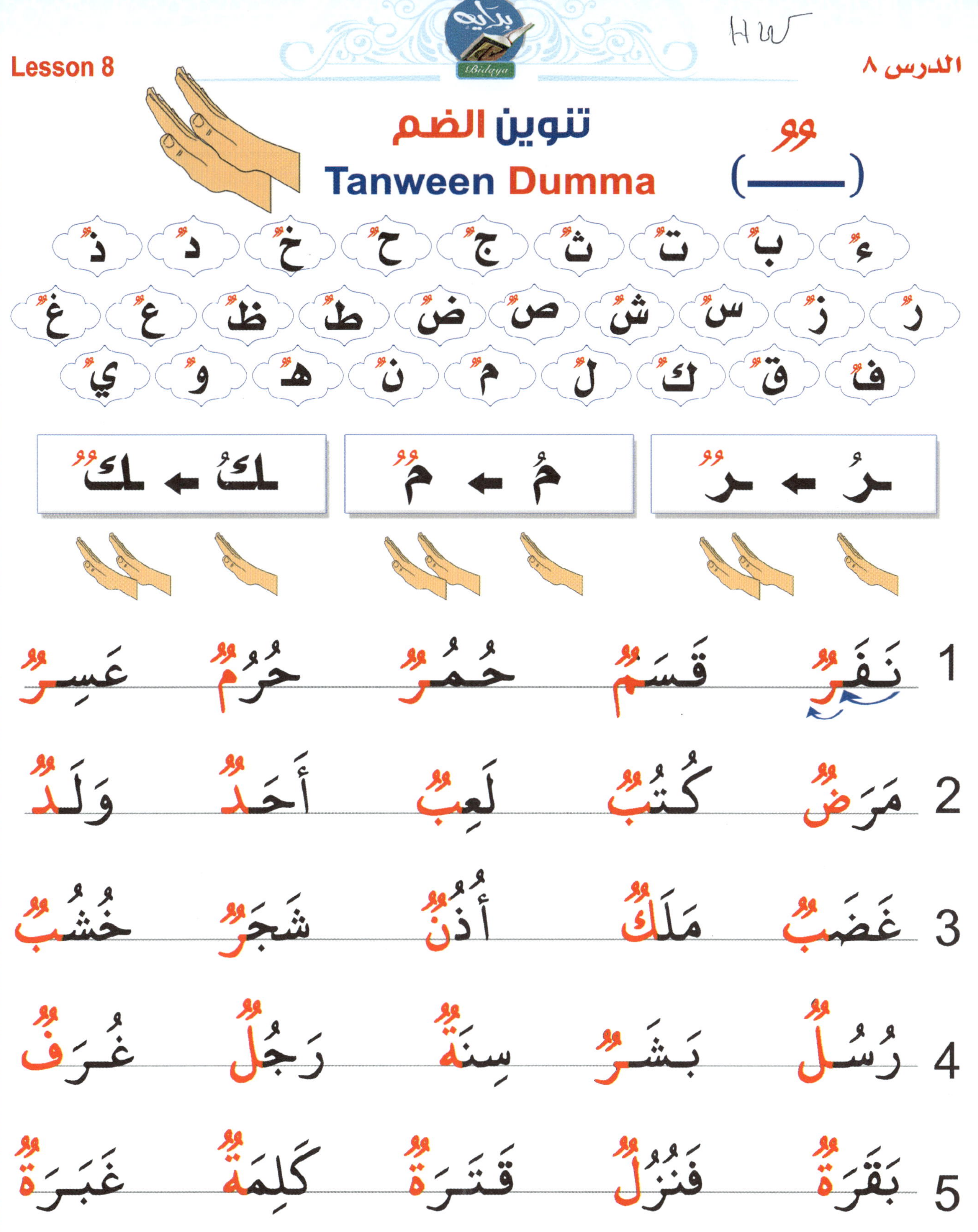

يتدرب الطالب على معرفة التنوين **بالضمة**، ويقارن المعلم للطالب بين حركة الضمة وحركة **التنوين** حتى يتم التفريق بينهما نحو فُ، فٌ (فُنْ)

Students will be able to identify the tanween dumma. The teacher will draw a comparison between the dumma and tanween to clarify the difference.

تقويم الباب
Chapter Exercise

1   رُسُلًا   نُكُرٍ   فُرُشٌ   عَلَقٍ   سُقُفًا   جُدَدٌ

2   عَجَلٍ   عُرُبًا   شُعَبٍ   فُرُطًا   قِطَعٌ   غَضَبٍ

3   طَبَقٍ   زَبَدٌ   لُبَدًا   عَسِرٌ   قَدَرٍ   وَسَطًا

4   جُدُرٍ   كُفُوًا   ذَهَبٍ   عِوَجًا   سُوَرٍ   أَجَلٌ

5   بِرُسُلٍ   ثَمَرَةٍ   عَشَرَةٌ   صَدَقَةً   عَلَقَةٍ   دَرَجَةٌ

6   لُمَزَةٍ   فَنَظِرَةٌ   نَفَقَةٍ   نَخِرَةً   وَجِلَةٌ   بِخَبَرٍ

نموذج تقييم الباب ٣
Chapter 3 Evaluation

يقوم المعلم بتقييم مستوى الطالب ومدى استيعابه لدروس الباب مع كتابة تقريرمختصر يصل لولي أمرالطالب ويرد عليه بتوقيعه حتى نضمن التواصل والمتابعة بين المعلم وأسرة الطالب .

The instructor evaluates the student's understanding of the lessons in the chapter by completing this form which is to be signed by the student's guardian to ensure correspondence between the instructor and parents.

Lessons that the student passed: الدروس التي اجتازها الطالب بتفوق :

6   7   8

Lessons that need additional practice: الدروس التي يحتاج الطالب التدرب عليها :

6   7   8

Lessons that need to be redone: الدروس التي يحتاج الطالب إلى إعادة شرحها :

6   7   8

Student's grade :   درجة نجاح الطالب في تقويم الباب :

1   2   3   4   5   6   7   8   9   10

Instructor's Comments :   ملاحظات المعلم :

....
....
....
....
....

توقيع ولي أمر الطالب: توقيع المعلم :

Parent/Guardian's Signature   Teacher's Signature

....

الباب الرابع
Chapter Four

حروف الهجاء مع السكون والشدة
The Alphabet with Sukoon and Shaddah

السكون

Sukoon

السكون على الواو، الياء، الهمزة

Sukoon on the Letters ي , و and ء

الشدة

Shaddah

تقويم الباب

Chapter Exercises

السُّكون (ـْ) sukoon

السكون : هو علامة توضع فوق الحرف الذي لا حركة له، ولا يمكن النطق الا بوضع حرف متحرك قبله .

Sukoon: a Consonant that causes a fast pause; this is why, no word can start with a letter that has sukoon. Before the letter with sukoon, there must be a letter with either fat-ha, kasrah or dumma.

رْ ذْ دْ خْ حْ جْ ثْ تْ بْ أْ

غْ عْ ظْ طْ ضْ صْ شْ سْ زْ

ءْ يْ وْ هْ نْ مْ لْ كْ قْ فْ

مَ، مِ، مُ	لَ + مْ = لَمْ	مِ + نْ = مِنْ	قُ + لْ = قُلْ

1   لَمْ   قَدْ   قُلْ   إِذْ   كُنْ   صِرْ

2   وَعْدَ   عُذْتُ   رِزْقَ   حَمْدُ   كَسْبُ   عَسْرٌ

3   مَسْحًا   نَفْسٍ   فَضْلُ   خَضْرٍ   غُلْبًا   زَجْرَةً

4   أَقْرَبُ   نَعْبُدُ   تِسْعَةَ   جَهْرَةً   قُرْبَةً   رَفْرَفِ

5   أَفْرِغْ   أَمْسِكْ   يَعْمَلْ   نُسْقِطْ   نَقْصُصْ   تَلْقَفْ

يتدرب الطالب على النطق بالسكون بوضع حرف الهمزة قبل الحرف الساكن (أفْ)ويكون شرحها بإشارة اليد بقبض اليد عند النطق بالسكون.

Student will practice pronounciation of the letters with sukoon by adding alif before the letters with sukoon. This process is to be explained with a hand signal of a fist at the sukoon part.

السُّكون على الواو (وْ) الياء (يْ) الهمزة (ءْ)
Sukoon on the Waw, Ya'a and Hamzah

نُ + ؤْ = نُؤْ ، فَ + وْ = فَوْ	تَ + أْ = تَأْ	حَ + يْ = حَيْ

1   نَوْمٌ   خَوْفٍ   زَوْجًا   أَوْفِ   سَوْطَ   فَوْتَ

2   عَوْرَةٌ   فَوْقِهِ   تَوْبَةً   كَوْثَرَ   مَوْطِنًا   مَوْعِدٌ

3   ضَيْقٍ   لَيْلًا   رَيْبَ   بَيْتٌ   أَيْنَ   حَيْثُ

4   عَصَيْتُ   قُرَيْشٍ   مَيْتَةً   بِدَيْنٍ   عَلَيْهِ   فَكَيْفَ

5   بَأْسٍ   كَأْسًا   نَأْكُلُ   يَشَأْ   يَأْتِ   تَأْسَ

6   مُؤْمِنٌ   سُؤْلَكَ   يُؤْفَكُ   يُؤْذَنَ   يُؤْتِ   نُؤْمِنَ

يتدرب الطالب في رقم (٢،١) على قراءة الواو اللينة المفتوح ما قبلها ، وكذلك في رقم (٤،٣) على الياء اللينة المفتوح ماقبلها ، وفي رقم (٦،٥) الهمزة الساكنة التي فوق الحرف فنقرأ الهمزة الساكنة فقط ولا نقرأ الحرف الذي تحتها نحو يُؤْمِنْ فهنا نقرأ الهمزة الساكنة ولا نقرأ الواو.

Students will practice words with al-waw al-layyinah in groups (1,2) and al-yaa al-layyinah in groups (3,4). However, in groups (5,6) students will learn how to pronounce a letter that hamzah sakinah on top of it. In this case, the letter will be skipped and the hamzah al-sakinah will be prounced.

الشّدّة (‑ّ) Shaddah

الشدة : هي علامة تدل على أن هذا الحرف المشدد يتكون من حرفين الأول ساكن والثاني متحرك.

The Shadda: Shaddah is the same letter said twice, the first time it is with sukoon(hold), the second letter comes with either a fat-ha, kasra or dumma.

كُلُّ = لُ + كُلْ	حُبِّ = بِ + حُبْ	مَنَّ = نَ + مَنْ

١	صَلِّ	كُلُّ	شَرِّ	رَبُّ	عَمَّ	مَنَّ
٢	صُمُّ	ظِلِّ	صَفًّا	حَقُّ	غَمِّ	شَقًّا
٣	يَتَّقِ	حُصِّلَ	أَحَقُّ	لِحُبِّ	كَذَّبَ	عَلَّمَ
٤	مُمَرَّدُ	شُرَعًا	بِرَبِّكَ	أَعِزَّةً	يُقَلِّبُ	أَشِحَّةً
٥	فَظَلَّت	يُعَظِّمَ	صَدَّقَت	سَوَّلَت	تَبَّت	مُدَّت
٦	تَمُدَّنَّ	نُصَرِّف	تَشَقَّقَ	طَهَّرَك	تُحَدِّث	تَقَبَّلَ

يتدرب الطالب على قراءة الشدة على مرحلتين: الأولى بقبض اليد مع تسكين الحرف الأول و بسطها مع قراءة الحركة التي تظهر على الحرف الثاني نحو حُبْ بِ = حُبِّ.

Students will practice reading the Shaddah in two parts: the letter with sokoon is demonstrated by a 'fist' whereas the second letter is demonstrated by letting the fingers free.

تقويم الباب
Chapter Exercise

الدرس 9

1   حِزْبَ   بَعْدُ   بَرْدًا   خُسْرٍ   حَبْلٌ   أَلْقَتْ

الدرس 10

2   يَوْمَ   قَوْمِ   نَجَوْتَ   مَوْثِقًا   غَوْلٌ   يَخْشَوْنَ

الدرس 10

3   فَأَيْنَ   خَيْرًا   عَيْنٍ   زَيْدٌ   حَوْلَيْنِ   زَوْجَيْنِ

الدرس 10

4   فَأْتِ   شَأْنٍ   بِرَأْسٍ   نُؤْمِنَ   تُؤْمَرُ   تَسُؤْهُمْ

الدرس 11

5   ثَمَّ   ضَلَّ   شُحَّ   فَضَّلَ   يَظُنُّ   مَسَّهُ

الدرس 11

6   يَحُضُّ   تُكِنُّ   أَسَّسَ   كَرَّةُ   جَنَّةٍ   مُصَدِّقًا

الدرس 11

7   تَصَدَّقَ   سَنَشُدُّ   يُفَصِّلُ   قَدَّمَتْ   يَذَّكَّرُ   حَيَّوْكَ

نقطة مرور : درجة النجاح التي يحتاجها الطالب لاجتياز هذا الباب هي ٩ / ١٠، حيث إن هذا الباب كل درس فيه مرتبط بالذي بعده من حيث تركيب الكلمة فإذا لم يستطع الطالب معرفة نطق السكون لا يستطيع تباعاً أن يقرأ حركة الشدة، ولذلك لابد أن يتدرب الطالب على هذا الباب جيداً حتى يستطيع قراءة الكلمة بكامل حركاتها. ولمزيد من الاستفادة والتدريب يمكن للطالب أن يستخدم كتاب (النشاط).

Checkpoint : In order to pass this chapter, the student must receive a minimum grade of 9/10. Each lesson in this chapter is built upon the previous one. If the student cannot pronounce sukoon properly, this will be followed by incorrect pronunciation of the shaddah. Therefore, the student must practice this chapter thoroughly to be able to read a given word with all harakat. For additional practice, the student can use the Bidaya workbook.

نموذج تقييم الباب ٤
Chapter 4 Evaluation

يقوم المعلم بتقييم مستوى الطالب ومدى استيعابه لدروس الباب مع كتابة تقريرمختصر يصل لولي أمرالطالب ويرد عليه بتوقيعه حتى نضمن التواصل والمتابعة بين المعلم وأسرة الطالب .

The instructor evaluates the student's understanding of the lessons in the chapter by completing this form which is to be signed by the student's guardian to ensure correspondence between the instructor and parents.

Lessons that the student passed: **الدروس التي اجتازها الطالب بتفوق :**

9   10   11

Lessons that need additional practice: **الدروس التي يحتاج الطالب التدرب عليها :**

9   10   11

Lessons that need to be redone: **الدروس التي يحتاج الطالب إلى إعادة شرحها :**

9   10   11

Student's grade :   **درجة نجاح الطالب في تقويم الباب:**

1   2   3   4   5   6   7   8   9   10

Instructor's Comments :   **ملاحظات المعلم :**

....

....

....

....

....

توقيع ولي أمر الطالب: **توقيع المعلم :**

Parent/Guardian's Signature   Teacher's Signature

....

الباب الخامس
Chapter Five

حروف الهجاء مع حروف المد الثلاثة
The Alphabet with the 3 Long Vowel Letters

الألف الممدوده الطويلة والقصيرة
Long and Short Alif

الألف المقصورة
Alif Maqsura

الواو والياء الممدودتين
Long و and ي

تقويم الباب
Chapter Exercises

الألف الممدودة الطويلة (بَا) و القصيرة (بَ ٰ)
Alif - mamduda - long and Short

وهي إطالة الصوت بحركة **الحرف المفتوح** حتى تصبح الحركة حرفاً فتقرأ أطول من حركة الألف المفتوحة .

Alif (mamduda): is the elongated Alif: Alif is a long vowel that extends the short vowel (fat-ha) to reach two harakat.

$$ قَ \leftarrow قَا = قَ ٰ $$

ذَاذٰ دَادٰ خَاخٰ حَاحٰ جَاجٰ ثَاثٰ تَاتٰ بَابٰ ءَاءٰ

غَاغٰ عَاعٰ ظَاظٰ طَاطٰ ضَاضٰ صَاصٰ شَاشٰ سَاسٰ زَازٰ رَارٰ

يَايٰ وَاوٰ هَاهٰ نَانٰ مَامٰ لَالٰ كَاكٰ قَاقٰ فَافٰ

ءَادَم	أَفَاقَ	ثَالِثُ	رَانَ	ذَاتَ	**قَالَ**	**1**
إِلٰهِ	صِرَٰطَ	مَلِكِ	ذَٰلِكَ	هَٰذَا	**قَٰلَ**	**2**
شَيْطَٰنٌ	مِثْقَالَ	رَحْمَٰنُ	تَخَاصُمُ	هَٰمَٰنَ	كَانَتَا	**3**
ضَاقَتْ	مُلَٰقٍ	غَاسِقٍ	صَٰلِحًا	خِطَٰبًا	ءَايَتٌ	**4**
مُؤْمِنَٰتُ	حَلَّافٍ	قَٰنِتَٰتٍ	جَهَٰدَاكَ	كِذَّابًا	تَوَّابًا	**5**

يتدرب الطالب على قراءة الألف الممدودة مقارنة بالحرف المفتوح بأنه أطول حركة منه بمقدار حركتين نحو بَ ٰ = بَا ← بَ

Students will practice reading the Alif mamduda which takes almost two seconds in duration and is longer than the alif with fathah.

الألف المقصورة (ﻯ) Alif-Maqsura

هي أحد أشكال حرف الألف، تكتب في آخر الكلمة على صورة الياء (من دون النقطتين) ويوضع عليها الألف الخنجرية، ويكون مفتوحاً ما قبلها، تلفظ كالمد بالألف (تمد حركتين) . ﻯٰ

Alif (Maqsura): It is a different way of writing Alif. At the end of a words, it takes the form of the letter ﻱ Ya, without the two dots under it but with a short Alif (Khanjaria) above it. Alif maqsurah is counted like alif madd that extends the short vowel (fatha) to two characters.

بَىٰ = بَا = بَ	فَ ← فَـا = فَـا = فَىٰ

1	تَرَىٰ	هَوَىٰ	سَجَىٰ	قَلَىٰ	عَلَىٰ
2	جَنَىٰ	عَمَىٰ	هُدَىٰ	غَوَىٰ	سُدَىٰ
3	أَهْوَىٰ	أَبْقَىٰ	أُخْرَىٰ	أَوْحَىٰ	أَكْدَىٰ
4	يَرْضَىٰ	تُمْنَىٰ	يُسْرَىٰ	فَآوَىٰ	تُجْزَىٰ
5	حَتَّىٰ	غَشَّىٰ	تَرَدَّىٰ	تَجَلَّىٰ	تَلَظَّىٰ
6	ضُحَٰهَا	أَشْقَٰهَا	دَسَّٰهَا	جَلَّٰهَا	فَسَوَّٰهَا

يتدرب الطالب على قراءة الألف المقصورة بقراءتها كأنها ألف طويلة ولا يقرأ الياء التي ترسم تحتها . ﻯٰ = ﺍ

The student will practice reading (ﻯ) as an Alif, and (s)he should not pronounce the (ﻯ) under it.

الواو والياء الممدودتان (تُو ، تِى)
Waw Ya, - mamduda

وهي إطالة الصوت بحركة **الواو المضمومة** ماقبلها، وحركة **الياء المكسورة** ماقبلها حتى تصبح الحركة حرفاً فتقرأ أطول من حركة الواو المضمومة والياء المكسورة العادية.

Waw and 'Ya, aa mamduda: is a long vowel that extends the short vowel (dumma and kasra) to reach two characters (harakat).

تَ ← تَا	تُ ← تُو	تِ ← تِى	تَ ← تَا
تُو ← تِى ← تُو	تُ ← تُو	تِ ← تِى	تَا ← تُو

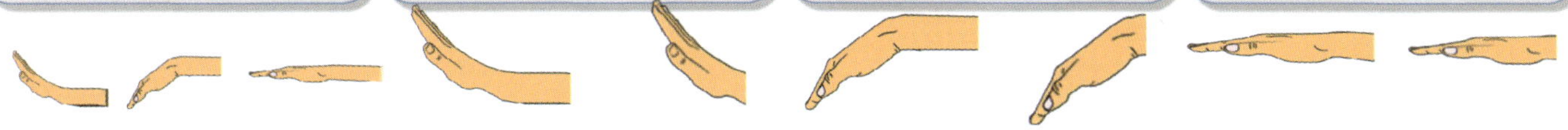

1	نَخُوضُ	ثَمُودَ	أَعُوذُ	تَفُورُ	طُورِ
2	أُحِيطَ	غِيضَ	أَخِيهِ	دِينِ	قِيلَ
3	قُلُوبُ	شَدِيدٍ	مَشْهُودٍ	عَلِيمًا	دُحُورًا
4	أَبَابِيل	وَجِلُونَ	تَجْزَى	حَدِيثٌ	سَاهُونَ
5	سِجِّيلٍ	تَأْتُونَ	تُرْجِى	رَسُولًا	رُوحِى
6	يُوقِنُونَ	تُرِيحُونَ	مَمْنُونٍ	يَقُولُونَ	تَكْذِيبٍ

يتدرب الطالب على قراءة الواو و الياء الممدودة مقارنة مع الواو والياء المكسورة بأنها أطول منها مداً نحو (بُ، بُو / بِ، بِى)

Student will practice reading the waw, Ya mamduda which is different than the Ya with a kasra because it is held for a longer period.

تقويم الباب
Chapter Exercise

الدرس 12

1 ءَانَسَ   ذَاقًا   مَالَهُ   إِحْسَانًا   مَنَاصٍ   خَافِضَةٌ

الدرس 12

2 جَهَدَ   هَٰهُنَا   يَٰقَوْمِ   وَٰحِدًا   ثَلَٰثَةٌ   عَٰبِدَاتٍ

الدرس 13

3 سَعَىٰ   أَغْنَىٰ   أَوْلَىٰ   وَفَّىٰ   مَرْعَٰهَا   يَغْشَٰهَا

الدرس 14

4 يَحُورَ   هَٰرُونَ   طَهُورًا   مَجْذُوذٍ   غَفُورٌ

الدرس 14

5 يُرِيدُ   ءَاخَرِينَ   أَزْرِى   قَرِيبًا   مَكِينٍ   مُجِيبٌ

الدرس 14

6 تُوصُونَ   يُوصِينَ   سِجِّينٌ   تُحِبُّونَ   صَٰدِقِينَ   يُؤْمِنُونَ

تطبيقات في الألف الممدودة والمقصورة

7 تَصْلَىٰ/نَارًا/حَامِيَةٌ   مَا/ضَلَّ/صَاحِبُكُمْ/وَمَا/غَوَىٰ

نموذج تقييم الباب ٥
Chapter 5 Evaluation

يقوم المعلم بتقييم مستوى الطالب ومدى استيعابه لدروس الباب مع كتابة تقريرمختصر يصل لولي أمرالطالب ويرد عليه بتوقيعه حتى نضمن التواصل والمتابعة بين المعلم وأسرة الطالب .

The instructor evaluates the student's understanding of the lessons in the chapter by completing this form which is to be signed by the student's guardian to ensure correspondence between the instructor and parents.

الدروس التي اجتازها الطالب بتفوق :
Lessons that the student passed:
12   13   14

الدروس التي يحتاج الطالب التدرب عليها :
Lessons that need additional practice:
12   13   14

الدروس التي يحتاج الطالب إلى إعادة شرحها :
Lessons that need to be redone:
12   13   14

درجة نجاح الطالب في تقويم الباب:
Student's grade :
1   2   3   4   5   6   7   8   9   10

ملاحظات المعلم :
Instructor's Comments :

توقيع المعلم :
Teacher's Signature

توقيع ولي أمر الطالب:
Parent/Guardian's Signature

الباب السادس
Chapter Six

دروس مكملة
Complementary Lessons

همزة القطع وبعض أشكال الهمزة Hamzah and its Forms and Hamzat Al-Qata'

همزة الوصل Hamzat Al-Wasl

اللام القمرية The Lunar Laam

اللام الشمسية The Solar Laam

كلمات خاصة بالرسم القرآني Special Words in the Quranic Script

الوقف على اخر الكلمة Pausing at the End of a Word

علامات الوقف والضبط Signs of pausing and Dhabt

الأصوات المتشابهة بين الحروف Similar Sounding Letters

تقويم الباب Chapter Exercises

همزة القطع (ء) وبعض أشكال الهمزة
Hamzat al-Qat' and some forms of Hamzah

همزة القطع : هي التي تقرأ وصلا وبدءًا ، وتقع في أول الكلمة ووسطها وآخرها .

It can be connectively or independently pronounced. It occurs in the beginning, middle of words.

ءَ ءِ ءُ ءْ بِءْ ءُ وُ ئِءْ	ئَ ئِ ئُ ئِ ئَ ئِ ئَ	أَ إِ أُ أَ	ئَءْ بِءْ ءُ وُ ئِءْ

1   أَقِمِ   أَفْتَرَىٰ   أَءُلْقِيَ   أَرَءَيْتَ   أَإِفْكًا

2   يَسْءَلُ   سَوْءَةَ   جُزْءًا   شَيْئًا   خِطْئًا

3   جِئْتَ   يَئِسَ   بِئْرِ   لَبِئْسَ   خَاطِئَةٍ

4   كَأْسًا   مُؤْمِنٌ   يُؤْفَكُ   يُؤْذَنَ   نَقْرَؤُهُ

5   سَأَلَ   وَأَرَىٰ   لِتَقْرَأَهُ   رَءَاهُ   رَأَوْكَ

6   مِلْءُ   دِفْءُ   قُرِئَ   شَاطِئِ   يُبْدِئُ

يتدرب الطالب على قراءة همزة القطع بوضوح على حسب موقعها في الكلمة وإذا كانت الهمزة فوق أي حرف فإننا نقرأ الهمزة فقط ولا نقرأ الحرف الذي تحت الهمزة .

Student will practice reading hamzat al-Qat' and recognize the ways of writing hamzah. If the hamza appears on top of any leter, we only read the hamza not the letter under it.

همزة الوصل (اً)
The Connecting Hamza (Hamzat-ul-wasul)

همزة الوصل : هي الهمزة التي تُقرأ في حالة الابتداء ولا تقرأ في حالة الوصل أو إذا جاءت الهمزة في وسط الكلام.

The connecting hamza is silent during continuous recitation because it connects the last pronounced letter in the previous word to the succeeding pronounced letter in the following word. Yet if this hamza happens to be the first letter in the word, then it will be pronounced with a character (haraka) to initiate the first move.

1

في هذه الأمثلة يجب أن تقرأ بفتح الهمزة دائما مع ال التعريف نحو

we pronounce the silent hamza by adding afat –ha on top In this case

أَلْ   ٱلْبَابُ   ٱلْحَمْدُ   ٱلْخَلْقِ   ٱلْجَنَّةَ

2

في هذه الأمثلة يجب ضم همزة الوصل لأن ثالث حرف في الفعل مضموم ضمة لازمة

In this case, we pronounce the silent hamza by adding a dumma on top of it if the third letter has a dumma on it:

ٱتْلُ   ٱدْعُ   ٱشْدُدْ   ٱخْرُجْ   ٱسْلُكْ   ٱرْكُضْ

3

في هذه الأمثلة يجب كسر همزة الوصل لأن ثالث حرف في الفعل فيه (كسرة وفتحة) أي غير مضموم ضمة لازمة

If the third letter doesn't have a dumma, then the connecting hamza would have a kasra instead.

ٱهْدِ   ٱحْمِلْ   ٱهْبِطْ   ٱقْرَأْ /   ٱذْهَبْ   ٱفْعَلْ

4

في هذه الأمثلة يجب كسر همزة الوصل لأنها من الأسماء

We pronounce the connecting hamza with a kasra in these nouns.

ٱبْنُ - ٱبْنَتُ - ٱمْرِئٍ - ٱمْرَأَتَ - ٱسْمُ - ٱثْنَيْنِ - ٱثْنَتَيْنِ

5

في هذه الأمثلة لا يجوز قراءة همزة الوصل لأنها في وسط الكلام

In these examples, hamzat al-wasl has to be skipped since it occurs in the middle of the word.

وَٱتْلُ   فَٱتَّخَذَ   وَٱنْحَرْ   وَٱسْجُدْ   فَٱعْفُ   وَٱصْفَحْ

اللام القمرية (اَلْ) The Articulated laam

هي لام تدخل على الأسماء ،تكتب وتنطق ويوضع عليهاسكون وإذا وقعت اَلْ قبل أي حرف من الحروف الأربعة عشر المجموعة في جملة (**ابْغِ حَجَّكَ وَخَفْ عَقِيمَهُ**) فيكون حكمها الإظهار "**اللام المظهرة**".

The Lunar (qamari) Lam: it is an Alif with a Lam with sukoon that means "the". This precedes the nouns, and the lam is pronounced clearly if it is not followed by a shaddah but by any of the following letters.

أحرف اللام القمرية : (ء ب غ ح ج ك و خ ف ع ق ي م ه)
Letters of the Articulated laam

1   اَلْجَنَّةَ   اَلْحَمْدُ   اَلْغَمَامِ   اَلْبَابُ   اَلْ

2   اَلْعُمُرُ   اَلْفَوْزُ   اَلْخَيرَ   اَلْوَزْنُ   اَلْكَوْثَرَ

3   اَلْإِبِلِ   اَلْهُدَى   اَلْمَدِينَةَ   اَلْيَوْمَ   اَلْقِيَمَةِ

اللام الشمسية (اَلْ) The Silent laam

هي لام تدخل على الأسماء ، تكتب و**لاتنطق**، وينطق الحرف الذي يليها مشدداً ، و إذا وقعت لام ال قبل أي حرف من الحروف الأربعة عشر المجموعة في أوائل الحروف في كلمات هذا البيت :
(**طِبْ ثُمَّ صِلْ رُحْمَا تَفُزْ ضِفْ ذَا نِعَمْ   دَعْ سُوءَ ظَنٍّ زُرْ شَرِيفًا لِلْكَرَمْ**)
فيكون حكمها الإدغام "**اللام المدغمة**".

Silent (shamsia) Lam: the lam is skipped when it is followed by shaddah or any of the following 14 letters

أحرف اللام الشمسية : (ط ث ص ر ت ض ن ذ د س ظ ز ش ل)
Letters of the Silent laam

1   اَلتَّوْبِ   اَلرِّيَحُ   اَلصَّمَدُ   اَلثَّوَابُ   اَلطُّورِ   اَلْ

2   اَلسَّلَامُ   اَلدَّارُ   اَلذِّئْبُ   اَلنَّاسِ   اَلضَّلَالُ

3   اَلتَّقْوَى   لِلرُّسُلِ   اَلشِّرْكَ   اَلزُّورَ   اَلظَّالِمُ

كلمات خاصة بالرسم القرآني
Words Particular to Quranic Font

(تَجْ ـ وْ ـ اْ ـ وْ ـ هِ ـ ىْ ـ نُ ـ نْ ـ صّ)

هذه بعض كلمات في المصحف تكتب على مايوافق الرسم القرآني الخاص بينما يقرؤها الطالب بطريقة مختلفة

This is a list of some Quranic words written in a special way but pronounced in a slightly different way.

هكذا تُقرأ في المصحف Way to read	هكذا رُسمت في المصحف Wrote in the Quran	الرقم	هكذا تُقرأ في المصحف Way to read	هكذا رُسمت في المصحف Wrote in the Quran	الرقم
وَجْهَهُو	وَجْهَهُ	16	تَجْرِى	تَجْرى	1
داوُودَ	داوُدَ	17	إِنَّمَا	إِمّا	2
قَومِهِي	قَومِهِ	18	مَنَاةَ	مَنوة	3
لِرَبِّهِي	لِرَبِّهِ	19	الصَّلاةَ	الصَّلوة	4
إِبْرَاهِيمَ	إِبْرَاهِمَ	20	الزَّكَاةَ	الزَّكوة	5
نَبَإٍ	نَبَإٍ	21	الْحَيَاةُ	الْحَيوة	6
مِئَةَ	مِاْئَةَ	22	النَّجَاةِ	النَّجوة	7
أَنْ بَشَرٌ	أَنْ بَشَرٌ	23	بالْغَدَاةِ	بالْغَدوة	8
سَلاسِلَ	سَلاسِلاْ	24	كَمِشْكاةٍ	كَمشكوة	9
لِشَىْءٍ	لِشَاْىْءٍ	25	الرِّبا	الرَّبوا	10
أُلُو	أُوْلُوا	26	ءَامَنُو	ءَامَنوا	11
بأَيْدٍ	بأَيْيْدٍ	27	عَمِلُو	عَمِلوا	12
نُنْجِى	نُـنجى	28	ثَمُودَ	ثَمودا	13
ذَمْبِهِي	ذَنبِهِ	29	يُؤتُو	يُؤتوا	14
يَبْسُطُ	يَبْصُطُ	30	إِنَّهُو	إِنَّهُ	15

يتدرب الطالب على قراءة الكلمات الخاصة التي لها رسم قرآني خاص يختلف عن القواعد المتعارف عليها في القراءة العادية وهذه الكلمات لايستطيع الطالب معرفتها إلاّ تلقيناً عن طريق معلم القرآن.

Students will recognize some Quranic words that are written in a special way through practice and direct learning with Quran teachers.

الوقف على آخر الكلمة
Stopping on the end of the word

يكون الوقف بالسكون على آخر الكلمة سواء كانت متحركة أو ساكنة ، ماعدا إذا ماكان آخر الكلمة ينتهي بتنوين الفتح
أو بالألف المقصورة عندها نقف عليها بالألف .

When stopping on the end of a word, one should stop with sukoon, whether there is sukoon or not. However,
if the word ends with () or (ى), one should stop with Alif.

الكلمة عند الوقف The word by stop	نوع الوقف Kind of stop	الآية الكريمة The verse	الرقم
خَلَقْ	مع السكون with sukoon	ٱقْرَأْ بِٱسْمِ رَبِّكَ ٱلَّذِي خَلَقَ	1
فَصْلْ		إِنَّهُ لَقَوْلٌ فَصْلٌ	2
عَشْرْ		وَلَيَالٍ عَشْرٍ	3
وَتَبْ		تَبَّتْ يَدَا أَبِي لَهَبٍ وَتَبَّ	4
لُّمَزَهْ		وَيْلٌ لِّكُلِّ هُمَزَةٍ لُّمَزَةٍ	5
وَأَبِيهْ		وَأُمِّهِ وَأَبِيهِ	6
لِرَبِّهْ		إِنَّ ٱلْإِنسَٰنَ لِرَبِّهِ لَكَنُودٌ	7
أَنْعَمْتْ		صِرَٰطَ ٱلَّذِينَ أَنْعَمْتَ عَلَيْهِمْ	8
أَمْرِى	مع الياء والواو الممدودتين with yaa and waw	وَيَسِّرْ لِي أَمْرِى	9
وَٱعْبُدُو		فَٱسْجُدُوا لِلَّهِ وَٱعْبُدُوا	10
دِهَاقًا	مع الألف With alif	وَكَأْسًا دِهَاقًا	11
فَنَادَىٰ		فَحَشَرَ فَنَادَىٰ	12
وَضُحَٰهَا		وَٱلشَّمْسِ وَضُحَٰهَا	13
وَأَحْيَا		وَأَنَّهُ هُوَ أَمَاتَ وَأَحْيَا	14

علامات الوقف والضبط
Quranic Recitation Punctuation

تفيد لزوم الوقف (Must stop) (إِنَّمَا يَسْتَجِيبُ ٱلَّذِينَ يَسْمَعُونَ ۩ وَٱلْمَوْتَىٰ يَبْعَثُهُمُ ٱللَّهُ ثُمَّ إِلَيْهِ يُرْجَعُونَ)	مـ
تفيد النهي عن الوقف (Don't stop) (ٱلَّذِينَ تَتَوَفَّاهُمُ ٱلْمَلَائِكَةُ طَيِّبِينَ يَقُولُونَ سَلَامٌ عَلَيْكُمُ)	لا
تفيد بأن الوصل أولى مع جواز الوقف: (It is better to continue) (كَلَّا بَل لَّا تُكْرِمُونَ ٱلْيَتِيمَ)	صلى
تفيد بأن الوقف أولى (It is better to stop) (مَا يَعْلَمُهُمْ إِلَّا قَلِيلٌ فَلَا تُمَارِ فِيهِمْ إِلَّا مِرَآءً ظَٰهِرًا)	قلى
تفيد جواز الوقف (You may stop or continue) (ءَأَنتُمْ أَشَدُّ خَلْقًا أَمِ ٱلسَّمَآءُ بَنَىٰهَا)	ج
تفيد جواز الوقف بأحد الموضعين وليس كليهما: (must stop at one of them only) (ذَٰلِكَ ٱلْكِتَٰبُ لَا رَيْبَ فِيهِ هُدًى لِّلْمُتَّقِينَ)	ۛ ۛ
سكتة لطيفة Quick pause (عِوَجًا قَيِّمًا) - (مِن مَّرْقَدِنَا هَٰذَا)۔ (وَقِيلَ مَنْ رَاقٍ)۔ (كَلَّا بَلْ رَانَ عَلَى قُلُوبِهِمْ)	س
للدلالة على موضع السجود One has to make sajdah at that sign (كَلَّا لَا تُطِعْهُ وَٱسْجُدْ وَٱقْتَرِب ۩)	[۩]
للدلالة على بداية الأحزاب و أنصافها و أرباعها A mark at the end of each (عَمَّ يَتَسَآءَلُونَ) ۞ 1/4th 1/2 of a juze	۞

الأصوات المتشابهة بين الحروف
Similar sounds among letters

هي أحرف تتشابهُ صوتاً ، ويختلف النطق بها بين اللهجات والجنسيات المختلفة ، ويتدرب الطالب عليها تلقيناً من معلمه .

These letters are similar in sound, but they are pronounced differently depending on the accent or dialect, and the student should practice them orally with the teacher.

أمثلة بالكلمات Examples of words	الحروف المتشابهة Similar Sounds	الرقم Number
قَسَمْنَا - قَصَمْنَا	س - ص	1
حَرَمًا - هَرَبًا	ح - هـ	2
كَتَبَ - قَتَلَ	ك - ق	3
نَاظِرَةٌ - نَاضِرَةٌ	ظ - ض	4
ٱلْقَنِطِينَ - ٱلْقَنِتِينَ	ط - ت	5
أَدْبَرَ - أَضْحَكَ	د - ض	6
يُفْسِدُ - يُثْخِنَ	ف - ث	7
خَالِقٍ - غَاسِقٍ	خ - غ	8
يَأْمَنُ - يَعْمَلُ	ء - ع	9
أَذْهَبَ - أَظْلَمَ	ذ - ظ	10

تقويم الباب
Chapter Exercise

الدرس 15 – 16

1 أَءِذَا   يُؤَخِّرَ   ٱسْكُنْ   ٱقْضِ   ٱفْتَحْ   بِٱسْمِ

الدرس 17

2 ٱلْحَزَنَ   ٱلصَّخْرَ   ٱلْعِزَّةَ   ٱلتَّوْبِ   ٱلْغَيْبَ   ٱلسَّاعَةِ

الدرس 17

3 ٱلْوَعْدُ   ٱلضُّحَىٰ   ٱلْعَقَبَةَ   ٱلنَّصِيرُ   لِلْجَبَلِ   لِلرَّحْمَٰنِ

الدرس 18

4 عَمِلُوا۟   ٱلصَّلَوٰةَ   ٱلزَّكَوٰةَ   ٱلْحَيَوٰةُ   إِنَّهُۥ   أُو۟لُوا۟

آية قرآنية نقرأها كلمة بكلمة

5 وَجَمَعَ / فَأَوْعَىٰ   ▪   كُلُّ / مَنْ / عَلَيْهَا   ▪   فَانٍ / مَا / وَدَّعَكَ / رَبُّكَ / وَمَا / قَلَىٰ

آية قرآنية نقرأها كلمة بكلمة

6 عُرُبًا / أَتْرَابًا   ▪   فِى / جَنَّةٍ / عَالِيَةٍ   ▪   إِنَّ / هَٰذَا / لَهُوَ / حَقُّ / ٱلْيَقِينِ

الدرس 19 ب

7 كَلَّا / لَا / تُطِعْهُ / وَٱسْجُدْ / وَٱقْتَرِب ۩   ▪   كَلَّا / بَل / لَّا / تُكْرِمُونَ / ٱلْيَتِيمَ

نموذج تقييم الباب ٦
Chapter 6 Evaluation

يقوم المعلم بتقييم مستوى الطالب ومدى استيعابه لدروس الباب مع كتابة تقريرمختصر يصل لولي أمرالطالب ويرد عليه بتوقيعه حتى نضمن التواصل والمتابعة بين المعلم وأسرة الطالب .

The instructor evaluates the student's understanding of the lessons in the chapter by completing this form which is to be signed by the student's guardian to ensure correspondence between the instructor and parents.

الدروس التي اجتازها الطالب بتفوق :
Lessons that the student passed:

15 | 16 | 17 | 18 | 19 | 19 | 20

الدروس التي يحتاج الطالب التدرب عليها :
Lessons that need additional practice:

15 | 16 | 17 | 18 | 19أ | 19ب | 20

الدروس التي يحتاج الطالب إلى إعادة شرحها :
Lessons that need to be redone:

15 | 16 | 17 | 18 | 19 | 19 | 20

درجة نجاح الطالب في تقويم الباب:
Student's grade :

1 | 2 | 3 | 4 | 5 | 6 | 7 | 8 | 9 | 10

ملاحظات المعلم :
Instructor's Comments :

....
....
....
....
....

توقيع المعلم :
Teacher's Signature

توقيع ولي أمر الطالب:
Parent/Guardian's Signature

الباب السابع
Chapter Seven

الاختبار النهائيّ
Final Test

اختبار عام لكل الدروس
General Test For all Lessons

8
7
6
5
4
3
2
1

اختبار عام لكل الدروس

General Test for all Lessons

الدرس 1 – 2

1 ض س ص كن صح قل مة

الدرس 3 – 4 – 5

2 حَضَرَ ظَلَمَ نَسِيَ وَقَعَتِ ثُمُنُ لَخُسِفَ

الدرس 6 – 7 – 8

3 سَفَرًا أَمَنَةً شُعَبٍ بِرُسُلٍ حُرُمٌ عَشَرَةٌ

الدرس 9

4 نَحْنُ عِلْمٌ أَغْطَشَ تَمْنُنْ سُطِحَتْ تَحْزَنْ

الدرس 10

5 صَوْمًا خَوْضٍ عَيْنًا خَيْلٍ يَأْمَنُ يُؤْذَنَ

الدرس 11

6 رَبِّ كَلَّا نَقُصُّ لَعَلَّكَ حَبَّةٍ ذُرِّيَّةً

الدرس 12

7 نُقَدِّسُ طَهَّرَكِ عَجِّلْ مُدَّتْ يَخْتَصُّ عَشِيَّةً

ملاحظــات comments...

....

....

يتم امتحان الطالب في هذه الصفحة في كل كلمة حيث إن هذه الكلمات مرتبة على حسب تسلسل الدروس في الكتاب فإذا أخطأ الطالب في كلمة معينة في الصفحة نعرف أن الطالب يحتاج إلى مراجعة الدرس الذي أخطأ في قراءة كلمته. فلو أخطأ الطالب في كلمة تَحْزَنْ ، نضع عليها علامة ونراجع مع الطالب الدرس 9 الخاص بالسكون .

Students are tested in this page on every word according to the series of lessons in the book. If the student makes a mistake in reading a word, then we know the student needs to review the lesson that deals with the misprounced word. For example if he reads tahzn" wrongly, then we put a mark on it and review the lesson 9 that has to do with sukoon .

اختبار عام لكل الدروس

General Test for all Lessons

الدرس 13

8 ذَاتَ ءَازَرَ حِجَارَةً مُبَارَكٌ ثَجَّاجًا خَوَّانٍ

الدرس 14

9 هَـٰذَا مَتَـٰعًا خَـٰشِعَةٌ سُلْطَـٰنًا سُبْحَـٰنَ بِـَٔايَـٰتِنَا

الدرس 14

10 طَغَىٰ فَنَادَىٰ أَدْرَٮٰكَ يَسْعَىٰ سُقْيَـٰهَا سَوَّىٰهَا

الدرس 15

11 لَبُوسٍ دُولَةً يُبْعَثُونَ عَزِيزٌ صَدِيقٍ جَمِيلًا

الدرس 15

12 أَءِنَّكَ قُرِئَ سُئِلَتْ بَوَّأَنَا شِئْتُمْ نُوۡتَىٰ

الدرس 16

13 اَدْعُ اَهْدِنَا اَقْرَأْ اَسْتَعْلَىٰ فَارْغَبْ الْأَرْضَ

الدرس 17 – 18

14 الْقِيَامَةِ التَّغَابُنِ لِشَائِءٍ الصَّلَوٰةَ الزَّكَوٰةَ ءَامَنُوا۟

ملاحظـــات comments ....
....
....

نموذج تقييم الطالب في الاختبار النهائي
Final Assessment Evaluation

الأبواب التي اجتازها الطالب بتفوق :
Chapters that the student passed:

1   2   3   4   5   6

الأبواب التي يحتاج الطالب التدرب عليها :
Chapters that need additional practice:

1   2   3   4   5   6

درجة نجاح الطالب في الاختبار النهائي :
Student's Final Exam Grade:

1   2   3   4   5   6   7   8   9   10

ملاحظات المعلم :
Instructor's Comments :

توقيع المعلم :
Teacher's Signature

توقيع ولي أمر الطالب:
Parent/Guardian's Signature

الباب الثامن
Chapter Eight

مدخل إلى القراءة من المصحف

Introduction to Reading from the Qur'an

الجمع بين كلمتين
The Two-Word Articulation

آيات قرآنية قصيرة
Short Quranic Verses

آيات قرآنية طويلة
Long Quranic Verses

أحكام هامة من علم التجويد
Important Tajweed Rules

ماذا بعد الانتهاء من الكتاب؟
What after Completion of this Book

مختارات قرآنية
Quranic Selections

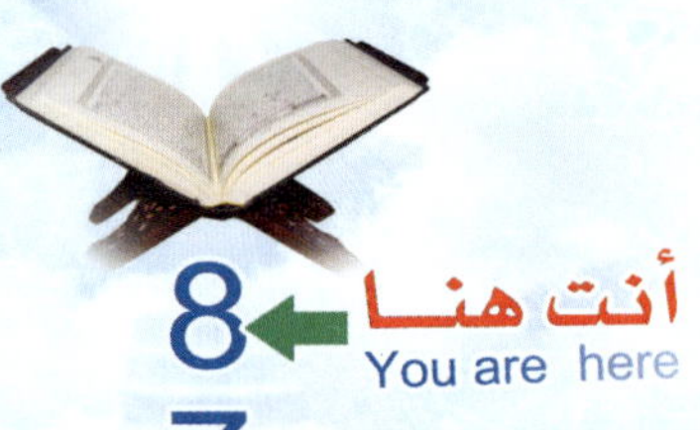

الجمع بين الكلمتين
The Two-Word Articulation

بعد تمكُّنِ الطالب منْ قراءةِ الكلمة بكامل أركانها دونما تهجٍّ، ينتقل بعدها إلى مهارة ثانية وهي كيفيةُ الجمعِ بين كلمتين، بحيث يجمع الطالب بين الحرف الأخيرِ في الكلمة الأولى والحرف الأول في الكلمة الثانية. وقد جمعنا أكثر من ٨٠ حالة مختلفة الحركات.

Once the learner is fluently able to read the word without spelling its parts, they move on to learn how to read and connect the two words, assimilating the endings with the beginnings of words in more than 80 combinations.

1   شَرَعَ لَكُمْ

2   شَطْرَ ٱلْمَسْجِدِ

3   إِنَّ ٱلشِّرْكَ

1	رَبَّكَ هُوَ	قَالَ هِيَ	شَرَعَ لَكُمْ
2	يَوْمَ يُبْعَثُونَ	بِغَيْرِ عِلْمٍ	رَحْلِ أَخِيهِ
3	خَالِقُ كُلِّ	يَغْفِرُ لِمَنْ	حَدِيثُ ضَيْفِ

4	وَاسِعًا حَكِيمًا	قَوْمٍ هَادٍ	عَزِيزٌ غَفُورٌ
5	أَمْ لَكُم	وَإِذْ قِيلَ	قُلْ هُوَ
6	وَإِنَّ جَهَنَّمَ	فَحَقَّ عِقَابِ	كُلَّ أُنَاسٍ
7	وَصَلِّ عَلَيْهِم	رَبِّ إِنَّهُنَّ	وَلِكُلِّ أُمَّةٍ
8	أَشَدُّ قَسْوَةً	أَحَبُّ إِلَيَّ	كُلُّ مُرْضِعَةٍ
9	عَفُوًّا غَفُورًا	قَوِيًّا عَزِيزًا	غَنِيًّا حَمِيدًا
10	حَظٍّ عَظِيمٍ	عَبْقَرِيٍّ حِسَانٍ	غَمٍّ أُعِيدُوا
11	غَنِيٌّ حَمِيدٌ	كُلٌّ إِلَيْنَا	أَشَرُّ أُرِيدَ
12	فَوَجَدَا عَبْدًا	ءَامَنَّا بِرَبِّ	فَإِذَا نُفِخَ
13	عَسَى رَبُّكُم	مُوسَى لِقَوْمِهِ	عَلَى سُرُرٍ
14	لَذُو مَغْفِرَةٍ	أَقْسَمُوا بِٱللَّهِ	كَانُوا يُخْفُونَ
15	تَجْرِى تَحْتَهَا	تَرْمِى بِشَرَرٍ	فِى أُمَمٍ

أَكَادُ أُخْفِيهَا	يَـٰقَوْمِ إِنَّكُمْ	أَتَىٰ أَمْرُ	16
مُحَمَّدٌ أَبَا	طَيِّبَةٍ أَصْلُهَا	ظُلْمًا إِنَّمَا	17
قُلْ أُوحِيَ	بَلْ إِيَّاهُ	لَقَدْ أَرْسَلْنَا	18
كُلُّ مَنْ	رَبِّ أَنَّىٰ	ثُمَّ قَسَتْ	19
وَأَعْطَىٰ قَلِيلًا	رَبَّنَا إِنَّكَ	إِنَّا ءَامَنَّا	20
نَبَأَ إِبْرَٰهِيمَ	وَهُزِّى إِلَيْكِ	قَالُوا۟ أَرْجِهْ	21
يَكُونُ ٱلنَّاسُ	فِى ٱلْبَحْرِ	شَطْرَ ٱلْمَسْجِدِ	22
رَجُلٌ ٱفْتَرَىٰ	خَبِيثَةٍ ٱجْتُثَّتْ	مَثَلًا ٱلْقَوْمُ	23
رَبُّ ٱلشِّعْرَىٰ	رَبِّ ٱجْعَلْ	إِنَّ ٱلشِّرْكَ	24
عَسَى ٱللَّهُ	يَرَى ٱلَّذِينَ	وَقَالَا ٱلْحَمْدُ	25
وَعَمِلُوا۟ ٱلصَّـٰلِحَـٰتِ	ذِى ٱلطَّوْلِ	ذُو ٱلْعَرْشِ	26
أَنَا۠ أَوَّلُ	لَهُۥ مُلْكُ	خَلْفِهِۦ رَصَدًا	27

قراءة آيات قصيرة من القرءان
Reading short verses from Quran

1   ثُمَّ نَظَرَ   فَحَشَرَ فَنَادَىٰ   وَخَسَفَ ٱلْقَمَرُ

2   فَكُّ رَقَبَةٍ   فِرْعَوْنَ وَثَمُودَ   لِيَوْمِ ٱلْفَصْلِ

3   عَلَّمَهُ ٱلْبَيَانَ   أَبْصَٰرُهَا خَٰشِعَةٌ   ثُمَّ أَدْبَرَ يَسْعَىٰ

4   تِسْعَةَ عَشَرَ   قُتِلَ ٱلْخَرَّٰصُونَ   وَٱلْجِبَالَ أَوْتَادًا

5   ٱلْبَحْرِ ٱلْمَسْجُورِ   أَكِيدُ كَيْدًا   بِأَيْدِي سَفَرَةٍ

6   لَيْسَ لِوَقْعَتِهَا كَاذِبَةٌ   وَرَبَّكَ فَكَبِّرْ

نقطة مرور :
في هذه الصفحة يقرأ الطالب الآية الطويلة بحيث يقسمها الي كلمتين ويجمعهم مع بعضهم لتكون له كخطوة أولية في التدرب على القراءة من المصحف .

قراءة آيات طويلة من القرءان
Reading long verses from Quran

1   لَمْ يَلِدْ وَلَمْ يُولَدْ   وَبُسَّتِ ٱلْجِبَالُ بَسًّا

2   لَا عِلْمَ لَنَا إِلَّا مَا عَلَّمْتَنَا   بِأَنَّ رَبَّكَ أَوْحَىٰ لَهَا

3   فِيهِمَا عَيْنَانِ نَضَّاخَتَانِ   كَلَّا سَوْفَ تَعْلَمُونَ

4   أَلَمْ تَرَ إِلَىٰ رَبِّكَ كَيْفَ مَدَّ ٱلظِّلَّ

5   يَعْلَمُ مَا بَيْنَ أَيْدِيهِمْ وَمَا خَلْفَهُمْ

6   وَرَضِيتُ لَكُمُ ٱلْإِسْلَٰمَ دِينًا

7   تِلْكَ ءَايَٰتُ ٱللَّهِ نَتْلُوهَا عَلَيْكَ بِٱلْحَقِّ

المدود ~
The Mudud - prolongation

إطالة الصوت بحرف من حروف **المد الثلاثة** وهي **الألف الساكنة** المفتوح ما قبلها ، **والواو الساكنة** المضموم ماقبلها، **والياء الساكنة** المكسور ما قبلها وتمد بمقدار 2، 4،6 حركات على حسب الحكم ، وهي مجموعة في لفظ "نُوحِيهَا " .

Elongation (Mudud): Vowels in the Quran could be extended in the characters (harakat), fat-ha, kasra, dumma from one second to 2,4,6 and up to six seconds or characters depending on the tajweed rule of each case.

قَ طَسَمَ **مد لازم حرفي 6 حركات** Maad Laazim Harfee 6 harakat	خَآصَّةً ٱلضَّآلِّينَ **مد لازم كلمي 6 حركات** Maad Laazim Kalimee 6 harakat
جَزَآءٌ شَآءَ **مد متصل 4،5 حركات** Maad Muttassil 4,5 harakat	حُنَفَآءَ كَبَآئِرَ **مد متصل 4،5 حركات** Maad Muttassil 4,5 harakat
يَـٰٓأَيُّهَا بِمَآأُنزِلَ **مد منفصل 4،5 حركات** Maad Munfasil 4,5 harakat	قَدِيرٌ سَاهُونَ **مد عارض للسكون 2،4،6 حركات** Maad 'Aarid Lis-Sukoon 2,4,6 harakat
خَوْفٍ ٱلْبَيْتِ **مد اللين 2،4،6 حركتان** Maad Al-Leen 2,4,6 harakat	ءَامَنُوا۟ فَـَٔاوَىٰ **مد البدل 2 حركتان** Maad Al-Badal 2 harakat
غَفُورًا حَكِيمًا **مد العوض 2 حركتان** Maad Al-'Iwad 2 harakat	إِنَّهُۥ هُوَ بِهِۦ بَصِيرًا **مد الصلة 2 حركتان** Maad As-Silah 2 harakat

أحكام النون الساكنة والتنوين (نْ – ـٌ ـً ـٍ)
The Rules of Nun with Sukoon and Tanween

الإظهار — **Making Clear**

إذا وقعت بعد النون الساكنة أو التنوين هذه الحروف الحلقية الستة وجب إظهارها وبيانها من غير غنة ظاهرة (ء هـ ع ح غ خ)

When the nun or tanween is followed by any of the foolwing letters, the nun or the tanween has to be pronounced clearly and normaly.

مَنْ ءَامَنَ | قَوْمٍ هَادٍ | مَنْ عَمِلَ | نَارًا حَامِيَةً | أَنْ غَضِبَ | لَطِيفٌ خَبِيرٌ | تَنْهَرْ | أَنْعَمْتَ

الإدغام — Merging

هو إدخال حرف ساكن بحرف متحرك بحيث يصيران حرفاً واحداً مشدداً وحروفه (ي ر م ل و ن) مجموعة في لفظ (يرملون) ـ ينمو إدغام بغنة ـ ل ر إدغام بدون غنة.

Merging (Idgham): If the following six letters come after the Nun with sukoon or tanween, they Nun/tanween is rendered totally silent and merged with the next letter (Ya, Ra, Meem, Lam, Waw, Nun). The letters Lam and Ra are pronounced without a nasal sound (ghuna) being made. The letters Ya, Nun, Meem and Waw are merged and pronounced with the nasal sound (ghuna).

مَن يَعْمَلْ | تَوْبَةً نَّصُوحًا | مِن مَّآءٍ | مِن وَاقٍ | مَتَـٰعًا لَّكُمْ | مِن رَّبِّهِمْ

الإقلاب — Switching

هو قلب النون الساكنة أو التنوين ميماً عند الباء مع الغُنَّة وحرفه هو ب فقط .

Switching: If Nun with sukoon or tanween is followed by the letter Ba, it is converted into the letter Meem. This is known as Iqlab.

جَنْبٍ | مِن بَعْدِ | صُمٌّ بُكْمٌ | سَمِيعًا بَصِيرًا | كِرَامٍ بَرَرَةٍ

الإخفاء — Hiding

إذا جاء بعد النون الساكنة أو التنوين حرف من الحروف الهجائية الباقية فيجب إخفاء النون الساكنة أو التنوين مع بقاء الغنة فيهما، وللإخفاء خمسة عشر حرفاً وهي مجموعة في أول حرف من كلمة في هذا البيت:

(صِفْ ذَا ثَنَا كَمْ جَادَ شَخْصٌ قَدْ سَمَا   دُمْ طَيِّبًا زِدْ في تُقًى ضَعْ ظَالِمَا)

ص- ذ- ث- ك- ج- ش- ق- س- د- ط- ز- ف- ت- ض- ظ

Hiding: If Nun with sukoon or tanween is followed by the remaining letters of the alphabet, then the nun has to be hidden with a nasal sound. See the first letters of the poem above and try to memorize them.

يَنصُرْكُمْ | سِرَاعًا ذَٰلِكَ | مَنثُورًا | قَوْلًا كَرِيمًا | إِن جَآءَكُمْ | بِأْسٍ شَدِيدٍ

يَنقَلِبُونَ | رَجُلًا سَلَمًا | أَندَادًا | مَن زَكَّـٰهَا | صَعِيدًا زَلَقًا | إِن تَثُوبَا

أحكام الميم الساكنة
Meem Sakina

الإدغام الشفوي
Merging the regular pronunciation

هُم مِّنْهَا سَعْيُكُم مَّشْكُورًا

الإخفاء الشفوي
Hiding the regular pronunciation

وَهُم بِذِكْرِ إِيمَانَهُم بِظُلْمِ

الإظهار الشفوي
Clarifying the Clear regular pronunciation

هُمْ عَنْهَا مِنكُمْ جَزَآءً

النون والميم المشددتين
The Nun and Meem with a Shadda

وجوب الغنة فيها بمقدار حركتين . (نَّ ، مَّ)

Merging (Idgham) for the duration of 2 characters is necessary when either Nun or Meem has a shadda.

إِنَّ ٱلَّذِينَ مِنَ ٱلْجِنَّةِ وَ ٱلنَّاسِ

حَمَّالَةَ ٱلْحَطَبِ وَأَنَّهُۥ لَمَّا قَامَ

What is after Completion of this book?

For those students who were able to complete their study of this book, I provide some important directions-the purpose of which is to prepare students to read complete Surahs of the Quran.

After passing the final test of this book and becoming familiar with the basic rules of Tajweed, students are highly encouraged to start reading Quranic Surahs gradually.

I selected few Surahs that will enable students to review all the rules they studied throughout this book. These Surahs are (Al-Waqi'ah, Al-Najm, Al-Jinn, Ad-Dukhan, Al-Qamar, As-Saffat). As an easy reference, these Surah are recorded by Sheikh Ibrahim Al-Dirdasawi, visit our website.

ماذا بعد الانتهاء من دراسة الكتاب؟

هذه طائفة من التوجيهات الهامة التي يحتاجها الطالب بعد الفراغ من دراسة هذا الكتاب للتمهيد على كيفية القراءة المنتظمة لسور القرآن الكريم.

بعد أن يتمكن الطالب من اجتياز الاختبار النهائي و يلم إلماماً سريعا بأحكام التجويد فمن المفيد أن يتدرب على القراءة من المصحف الشريف بطريقة متدرجة.

و قد وقع اختياري على مجموعة سور من كتاب الله تمكن الطالب من مراجعة ما درسه من القواعد المنثورة في هذا الكتاب، و هذه السور هى (الواقعة ، النجم ، الجن ، الدخان). و تسهيلا على الطلاب فقد قمنا بتسجيل هذه السور بصوت الشيخ إبراهيم الدردساوي تفضلوا بزيارة موقعنا على الإنترنت.

www.bidayabook.com

Here is a step-by-step procedure:

1-A student will start the reading process by reading a complete Ayah or line, word by word.

و إليكم الخطوات التدريجية:

١- سيبدأ الطالب بالتدرب على قراءة الآية أو السطر على شكل كلمات منفردة ومقطعة بشكل صحيح.

الكلمة القرءانية بكامل حركاتها

إِذَا / وَقَعَتِ / ٱلْوَاقِعَةُ ۝ / لَيْسَ / لِوَقْعَتِهَا / كَاذِبَةٌ ۝ / خَافِضَةٌ / رَّافِعَةٌ ۝ سورة الواقعة

2-Once the student is comfortable with reading individual words, (s) he begins connecting between words in lines and verses-a process that will train students to apply the basic rules of Tajweed.

٢- عند ما يتمكن الطالب من قراءة الكلمات التي في الآية بشكل صحيح يتدرب بعدها على قراءة الجمع بين الكلمتين سواء في الآية أو السطر. و هنا سيبدأ الطالب على التعرف على كثير من أحكام التجويد و إجادتها.

الجمع بين الكلمتين

وَقَوْمَ نُوحٍ / مِّن قَبْلُ ۚ / إِنَّهُمْ كَانُوا / هُمْ / أَظْلَمَ وَأَطْغَى ۝ سورة النجم

3-Then students will be able to practice reading faster, in both short and long verses, in a fluent manner without hesitation. Students should also incorporate the Quran in a daily routine by reading at least one page a day or more depending on the age and time availability.

٣- يتدرب الطالب على تسريع القراءة الصحيحة من خلال قراءة آية قصيرة أو سطر كامل، بطريقة مسترسلة دون توقف ويجب عليه الجلوس يومياً والتدرب على قراءة صفحة من القرءان على أقل تقدير، و قد يختلف مقدار القراءة باختلاف العمر والوقت المتاح لدى الطالب .

تقسيم الاية الطويلة

إِلَّا مَن رَّحِمَ ٱللَّهُ ۚ إِنَّهُ هُوَ ٱلْعَزِيزُ ٱلرَّحِيمُ ۝ سورة الدخان

4-After the student masters reading the Quran correctly without mistakes or hesitations, the next step will focus on perfecting recitation with Tajweed and establishing a plan to memorize Quran. This type of planning will be discussed in a forthcoming book, by the will of Allah.

٤- بعد أن يتمكن الطالب من قراءة المصحف بطريقة صحيحة دون أخطاء أو تلعثم يتدرب الطالب وبشكل مكثف على القراءة العملية بأحكام التجويد وعلومها تلقيناً .... ومنها يكون المدخل العملي لمهارة حفظ القرءان الكريم الذي سيكون إصدارنا القادم بإذن الله .

مختارات قرآنية

تطبيق شامل على دروس الكتاب

Quranic Selections

for General Practice

سُورَةُ الْوَاقِعَةِ

بِسْمِ اللَّهِ الرَّحْمَٰنِ الرَّحِيمِ

إِذَا وَقَعَتِ الْوَاقِعَةُ ﴿١﴾ لَيْسَ لِوَقْعَتِهَا كَاذِبَةٌ ﴿٢﴾ خَافِضَةٌ رَّافِعَةٌ ﴿٣﴾ إِذَا رُجَّتِ الْأَرْضُ رَجًّا ﴿٤﴾ وَبُسَّتِ الْجِبَالُ بَسًّا ﴿٥﴾ فَكَانَتْ هَبَاءً مُّنبَثًّا ﴿٦﴾ وَكُنتُمْ أَزْوَاجًا ثَلَاثَةً ﴿٧﴾ فَأَصْحَابُ الْمَيْمَنَةِ مَا أَصْحَابُ الْمَيْمَنَةِ ﴿٨﴾ وَأَصْحَابُ الْمَشْأَمَةِ مَا أَصْحَابُ الْمَشْأَمَةِ ﴿٩﴾ وَالسَّابِقُونَ السَّابِقُونَ ﴿١٠﴾ أُولَٰئِكَ الْمُقَرَّبُونَ ﴿١١﴾ فِي جَنَّاتِ النَّعِيمِ ﴿١٢﴾ ثُلَّةٌ مِّنَ الْأَوَّلِينَ ﴿١٣﴾ وَقَلِيلٌ مِّنَ الْآخِرِينَ ﴿١٤﴾ عَلَىٰ سُرُرٍ مَّوْضُونَةٍ ﴿١٥﴾ مُّتَّكِئِينَ عَلَيْهَا مُتَقَابِلِينَ ﴿١٦﴾ يَطُوفُ عَلَيْهِمْ وِلْدَانٌ مُّخَلَّدُونَ ﴿١٧﴾ بِأَكْوَابٍ وَأَبَارِيقَ وَكَأْسٍ مِّن مَّعِينٍ ﴿١٨﴾ لَّا يُصَدَّعُونَ عَنْهَا وَلَا يُنزِفُونَ ﴿١٩﴾ وَفَاكِهَةٍ مِّمَّا يَتَخَيَّرُونَ ﴿٢٠﴾ وَلَحْمِ طَيْرٍ مِّمَّا يَشْتَهُونَ ﴿٢١﴾ وَحُورٌ عِينٌ ﴿٢٢﴾ كَأَمْثَالِ اللُّؤْلُؤِ الْمَكْنُونِ ﴿٢٣﴾ جَزَاءً بِمَا كَانُوا يَعْمَلُونَ ﴿٢٤﴾ لَا يَسْمَعُونَ فِيهَا لَغْوًا

وَلَا تَأْثِيمًا ٢٥ إِلَّا قِيلًا سَلَامًا سَلَامًا ٢٦ وَأَصْحَٰبُ ٱلْيَمِينِ مَآ أَصْحَٰبُ ٱلْيَمِينِ ٢٧ فِي سِدْرٍ مَّخْضُودٍ ٢٨ وَطَلْحٍ مَّنضُودٍ ٢٩ وَظِلٍّ مَّمْدُودٍ ٣٠ وَمَآءٍ مَّسْكُوبٍ ٣١ وَفَٰكِهَةٍ كَثِيرَةٍ ٣٢ لَّا مَقْطُوعَةٍ وَلَا مَمْنُوعَةٍ ٣٣ وَفُرُشٍ مَّرْفُوعَةٍ ٣٤ إِنَّآ أَنشَأْنَٰهُنَّ إِنشَآءً ٣٥ فَجَعَلْنَٰهُنَّ أَبْكَارًا ٣٦ عُرُبًا أَتْرَابًا ٣٧ لِّأَصْحَٰبِ ٱلْيَمِينِ ٣٨ ثُلَّةٌ مِّنَ ٱلْأَوَّلِينَ ٣٩ وَثُلَّةٌ مِّنَ ٱلْءَاخِرِينَ ٤٠ وَأَصْحَٰبُ ٱلشِّمَالِ مَآ أَصْحَٰبُ ٱلشِّمَالِ ٤١ فِي سَمُومٍ وَحَمِيمٍ ٤٢ وَظِلٍّ مِّن يَحْمُومٍ ٤٣ لَّا بَارِدٍ وَلَا كَرِيمٍ ٤٤ إِنَّهُمْ كَانُوا۟ قَبْلَ ذَٰلِكَ مُتْرَفِينَ ٤٥ وَكَانُوا۟ يُصِرُّونَ عَلَى ٱلْحِنثِ ٱلْعَظِيمِ ٤٦ وَكَانُوا۟ يَقُولُونَ أَئِذَا مِتْنَا وَكُنَّا تُرَابًا وَعِظَٰمًا أَءِنَّا لَمَبْعُوثُونَ ٤٧ أَوَءَابَآؤُنَا ٱلْأَوَّلُونَ ٤٨ قُلْ إِنَّ ٱلْأَوَّلِينَ وَٱلْءَاخِرِينَ ٤٩ لَمَجْمُوعُونَ إِلَىٰ مِيقَٰتِ يَوْمٍ مَّعْلُومٍ ٥٠ ثُمَّ إِنَّكُمْ أَيُّهَا ٱلضَّآلُّونَ ٱلْمُكَذِّبُونَ ٥١ لَءَاكِلُونَ مِن شَجَرٍ مِّن زَقُّومٍ ٥٢ فَمَالِـُٔونَ مِنْهَا ٱلْبُطُونَ ٥٣ فَشَٰرِبُونَ عَلَيْهِ مِنَ ٱلْحَمِيمِ ٥٤ فَشَٰرِبُونَ

شُرْبَ الْهِيمِ ۝٥٥ هَٰذَا نُزُلُهُمْ يَوْمَ الدِّينِ ۝٥٦ نَحْنُ خَلَقْنَاكُمْ فَلَوْلَا

تُصَدِّقُونَ ۝٥٧ أَفَرَءَيْتُم مَّا تُمْنُونَ ۝٥٨ ءَأَنتُمْ تَخْلُقُونَهُ أَمْ نَحْنُ

الْخَالِقُونَ ۝٥٩ نَحْنُ قَدَّرْنَا بَيْنَكُمُ الْمَوْتَ وَمَا نَحْنُ بِمَسْبُوقِينَ ۝٦٠

عَلَىٰٓ أَن نُّبَدِّلَ أَمْثَالَكُمْ وَنُنشِئَكُمْ فِي مَا لَا تَعْلَمُونَ ۝٦١ وَلَقَدْ

عَلِمْتُمُ النَّشْأَةَ الْأُولَىٰ فَلَوْلَا تَذَكَّرُونَ ۝٦٢ أَفَرَءَيْتُم مَّا تَحْرُثُونَ

۝٦٣ ءَأَنتُمْ تَزْرَعُونَهُ أَمْ نَحْنُ الزَّارِعُونَ ۝٦٤ لَوْ نَشَاءُ لَجَعَلْنَاهُ

حُطَامًا فَظَلْتُمْ تَفَكَّهُونَ ۝٦٥ إِنَّا لَمُغْرَمُونَ ۝٦٦ بَلْ نَحْنُ

مَحْرُومُونَ ۝٦٧ أَفَرَءَيْتُمُ الْمَاءَ الَّذِي تَشْرَبُونَ ۝٦٨ ءَأَنتُمْ أَنزَلْتُمُوهُ

مِنَ الْمُزْنِ أَمْ نَحْنُ الْمُنزِلُونَ ۝٦٩ لَوْ نَشَاءُ جَعَلْنَاهُ أُجَاجًا فَلَوْلَا

تَشْكُرُونَ ۝٧٠ أَفَرَءَيْتُمُ النَّارَ الَّتِي تُورُونَ ۝٧١ ءَأَنتُمْ أَنشَأْتُمْ

شَجَرَتَهَا أَمْ نَحْنُ الْمُنشِئُونَ ۝٧٢ نَحْنُ جَعَلْنَاهَا تَذْكِرَةً وَمَتَاعًا

لِّلْمُقْوِينَ ۝٧٣ فَسَبِّحْ بِاسْمِ رَبِّكَ الْعَظِيمِ ۝٧٤ ۞ فَلَا أُقْسِمُ

بِمَوَاقِعِ النُّجُومِ ۝٧٥ وَإِنَّهُ لَقَسَمٌ لَّوْ تَعْلَمُونَ عَظِيمٌ ۝٧٦

إِنَّهُۥ لَقُرْءَانٌ كَرِيمٌ ۝٧٧ فِى كِتَٰبٍ مَّكْنُونٍ ۝٧٨ لَّا يَمَسُّهُۥٓ إِلَّا ٱلْمُطَهَّرُونَ ۝٧٩ تَنزِيلٌ مِّن رَّبِّ ٱلْعَٰلَمِينَ ۝٨٠ أَفَبِهَٰذَا ٱلْحَدِيثِ أَنتُم مُّدْهِنُونَ ۝٨١ وَتَجْعَلُونَ رِزْقَكُمْ أَنَّكُمْ تُكَذِّبُونَ ۝٨٢ فَلَوْلَآ إِذَا بَلَغَتِ ٱلْحُلْقُومَ ۝٨٣ وَأَنتُمْ حِينَئِذٍ تَنظُرُونَ ۝٨٤ وَنَحْنُ أَقْرَبُ إِلَيْهِ مِنكُمْ وَلَٰكِن لَّا تُبْصِرُونَ ۝٨٥ فَلَوْلَآ إِن كُنتُمْ غَيْرَ مَدِينِينَ ۝٨٦ تَرْجِعُونَهَآ إِن كُنتُمْ صَٰدِقِينَ ۝٨٧ فَأَمَّآ إِن كَانَ مِنَ ٱلْمُقَرَّبِينَ ۝٨٨ فَرَوْحٌ وَرَيْحَانٌ وَجَنَّتُ نَعِيمٍ ۝٨٩ وَأَمَّآ إِن كَانَ مِنْ أَصْحَٰبِ ٱلْيَمِينِ ۝٩٠ فَسَلَٰمٌ لَّكَ مِنْ أَصْحَٰبِ ٱلْيَمِينِ ۝٩١ وَأَمَّآ إِن كَانَ مِنَ ٱلْمُكَذِّبِينَ ٱلضَّآلِّينَ ۝٩٢ فَنُزُلٌ مِّنْ حَمِيمٍ ۝٩٣ وَتَصْلِيَةُ جَحِيمٍ ۝٩٤ إِنَّ هَٰذَا لَهُوَ حَقُّ ٱلْيَقِينِ ۝٩٥ فَسَبِّحْ بِٱسْمِ رَبِّكَ ٱلْعَظِيمِ ۝٩٦

سُورَةُ النَّجْمِ

بِسْمِ ٱللَّهِ ٱلرَّحْمَٰنِ ٱلرَّحِيمِ

وَٱلنَّجْمِ إِذَا هَوَىٰ ۝١ مَا ضَلَّ صَاحِبُكُمْ وَمَا غَوَىٰ ۝٢ وَمَا يَنطِقُ عَنِ ٱلْهَوَىٰ ۝٣ إِنْ هُوَ إِلَّا وَحْىٌ يُوحَىٰ ۝٤ عَلَّمَهُۥ شَدِيدُ ٱلْقُوَىٰ ۝٥ ذُو مِرَّةٍ فَٱسْتَوَىٰ ۝٦ وَهُوَ بِٱلْأُفُقِ ٱلْأَعْلَىٰ ۝٧ ثُمَّ دَنَا فَتَدَلَّىٰ ۝٨ فَكَانَ قَابَ قَوْسَيْنِ أَوْ أَدْنَىٰ ۝٩ فَأَوْحَىٰ إِلَىٰ عَبْدِهِۦ مَا أَوْحَىٰ ۝١٠ مَا كَذَبَ ٱلْفُؤَادُ مَا رَأَىٰ ۝١١ أَفَتُمَٰرُونَهُۥ عَلَىٰ مَا يَرَىٰ ۝١٢ وَلَقَدْ رَءَاهُ نَزْلَةً أُخْرَىٰ ۝١٣ عِندَ سِدْرَةِ ٱلْمُنتَهَىٰ ۝١٤ عِندَهَا جَنَّةُ ٱلْمَأْوَىٰٓ ۝١٥ إِذْ يَغْشَى ٱلسِّدْرَةَ مَا يَغْشَىٰ ۝١٦ مَا زَاغَ ٱلْبَصَرُ وَمَا طَغَىٰ ۝١٧ لَقَدْ رَأَىٰ مِنْ ءَايَٰتِ رَبِّهِ ٱلْكُبْرَىٰٓ ۝١٨ أَفَرَءَيْتُمُ ٱللَّٰتَ وَٱلْعُزَّىٰ ۝١٩ وَمَنَوٰةَ ٱلثَّالِثَةَ ٱلْأُخْرَىٰٓ ۝٢٠ أَلَكُمُ ٱلذَّكَرُ وَلَهُ ٱلْأُنثَىٰ ۝٢١ تِلْكَ إِذًا قِسْمَةٌ ضِيزَىٰٓ ۝٢٢

سُورَةُ الْجِنِّ

بِسْمِ ٱللَّهِ ٱلرَّحْمَٰنِ ٱلرَّحِيمِ

قُلْ أُوحِيَ إِلَيَّ أَنَّهُ ٱسْتَمَعَ نَفَرٌ مِّنَ ٱلْجِنِّ فَقَالُوٓاْ إِنَّا سَمِعْنَا قُرْءَانًا عَجَبًا ۝١ يَهْدِىٓ إِلَى ٱلرُّشْدِ فَـَٔامَنَّا بِهِۦ ۖ وَلَن نُّشْرِكَ بِرَبِّنَآ أَحَدًا ۝٢ وَأَنَّهُۥ تَعَٰلَىٰ جَدُّ رَبِّنَا مَا ٱتَّخَذَ صَٰحِبَةً وَلَا وَلَدًا ۝٣ وَأَنَّهُۥ كَانَ يَقُولُ سَفِيهُنَا عَلَى ٱللَّهِ شَطَطًا ۝٤ وَأَنَّا ظَنَنَّآ أَن لَّن تَقُولَ ٱلْإِنسُ وَٱلْجِنُّ عَلَى ٱللَّهِ كَذِبًا ۝٥ وَأَنَّهُۥ كَانَ رِجَالٌ مِّنَ ٱلْإِنسِ يَعُوذُونَ بِرِجَالٍ مِّنَ ٱلْجِنِّ فَزَادُوهُمْ رَهَقًا ۝٦ وَأَنَّهُمْ ظَنُّواْ كَمَا ظَنَنتُمْ أَن لَّن يَبْعَثَ ٱللَّهُ أَحَدًا ۝٧ وَأَنَّا لَمَسْنَا ٱلسَّمَآءَ فَوَجَدْنَٰهَا مُلِئَتْ حَرَسًا شَدِيدًا وَشُهُبًا ۝٨ وَأَنَّا كُنَّا نَقْعُدُ مِنْهَا مَقَٰعِدَ لِلسَّمْعِ ۖ فَمَن يَسْتَمِعِ ٱلْـَٔانَ يَجِدْ لَهُۥ شِهَابًا رَّصَدًا ۝٩ وَأَنَّا لَا نَدْرِىٓ أَشَرٌّ أُرِيدَ بِمَن فِى ٱلْأَرْضِ أَمْ أَرَادَ بِهِمْ رَبُّهُمْ رَشَدًا ۝١٠ وَأَنَّا مِنَّا ٱلصَّٰلِحُونَ وَمِنَّا دُونَ ذَٰلِكَ ۖ كُنَّا طَرَآئِقَ قِدَدًا ۝١١

سُورَةُ الصَّافَّاتِ

بِسْمِ اللَّهِ الرَّحْمَٰنِ الرَّحِيمِ

وَالصَّافَّاتِ صَفًّا ١ فَالزَّاجِرَاتِ زَجْرًا ٢ فَالتَّالِيَاتِ ذِكْرًا ٣ إِنَّ إِلَٰهَكُمْ لَوَاحِدٌ ٤ رَبُّ السَّمَاوَاتِ وَالْأَرْضِ وَمَا بَيْنَهُمَا وَرَبُّ الْمَشَارِقِ ٥ إِنَّا زَيَّنَّا السَّمَاءَ الدُّنْيَا بِزِينَةٍ الْكَوَاكِبِ ٦ وَحِفْظًا مِنْ كُلِّ شَيْطَانٍ مَارِدٍ ٧ لَا يَسَّمَّعُونَ إِلَى الْمَلَإِ الْأَعْلَىٰ وَيُقْذَفُونَ مِنْ كُلِّ جَانِبٍ ٨ دُحُورًا وَلَهُمْ عَذَابٌ وَاصِبٌ ٩ إِلَّا مَنْ خَطِفَ الْخَطْفَةَ فَأَتْبَعَهُ شِهَابٌ ثَاقِبٌ ١٠ فَاسْتَفْتِهِمْ أَهُمْ أَشَدُّ خَلْقًا أَمْ مَنْ خَلَقْنَا إِنَّا خَلَقْنَاهُمْ مِنْ طِينٍ لَازِبٍ ١١ بَلْ عَجِبْتَ وَيَسْخَرُونَ ١٢ وَإِذَا ذُكِّرُوا لَا يَذْكُرُونَ ١٣ وَإِذَا رَأَوْا آيَةً يَسْتَسْخِرُونَ ١٤ وَقَالُوا إِنْ هَٰذَا إِلَّا سِحْرٌ مُبِينٌ ١٥ أَإِذَا مِتْنَا وَكُنَّا تُرَابًا وَعِظَامًا أَإِنَّا لَمَبْعُوثُونَ ١٦ أَوَآبَاؤُنَا الْأَوَّلُونَ ١٧

سُورَةُ الدُّخَانِ

بِسْمِ اللَّهِ الرَّحْمَٰنِ الرَّحِيمِ

حمٓ ﴿١﴾ وَالْكِتَٰبِ الْمُبِينِ ﴿٢﴾ إِنَّا أَنزَلْنَٰهُ فِي لَيْلَةٍ مُّبَٰرَكَةٍ ۚ إِنَّا كُنَّا مُنذِرِينَ ﴿٣﴾ فِيهَا يُفْرَقُ كُلُّ أَمْرٍ حَكِيمٍ ﴿٤﴾ أَمْرًا مِّنْ عِندِنَا ۚ إِنَّا كُنَّا مُرْسِلِينَ ﴿٥﴾ رَحْمَةً مِّن رَّبِّكَ ۚ إِنَّهُ هُوَ السَّمِيعُ الْعَلِيمُ ﴿٦﴾ رَبِّ السَّمَٰوَٰتِ وَالْأَرْضِ وَمَا بَيْنَهُمَا ۖ إِن كُنتُم مُّوقِنِينَ ﴿٧﴾ لَا إِلَٰهَ إِلَّا هُوَ يُحْيِۦ وَيُمِيتُ ۖ رَبُّكُمْ وَرَبُّ آبَائِكُمُ الْأَوَّلِينَ ﴿٨﴾ بَلْ هُمْ فِي شَكٍّ يَلْعَبُونَ ﴿٩﴾ فَارْتَقِبْ يَوْمَ تَأْتِي السَّمَاءُ بِدُخَانٍ مُّبِينٍ ﴿١٠﴾ يَغْشَى النَّاسَ ۖ هَٰذَا عَذَابٌ أَلِيمٌ ﴿١١﴾ رَّبَّنَا اكْشِفْ عَنَّا الْعَذَابَ إِنَّا مُؤْمِنُونَ ﴿١٢﴾ أَنَّىٰ لَهُمُ الذِّكْرَىٰ وَقَدْ جَاءَهُمْ رَسُولٌ مُّبِينٌ ﴿١٣﴾ ثُمَّ تَوَلَّوْا عَنْهُ وَقَالُوا مُعَلَّمٌ مَّجْنُونٌ ﴿١٤﴾ إِنَّا كَاشِفُوا الْعَذَابِ قَلِيلًا ۚ إِنَّكُمْ عَائِدُونَ ﴿١٥﴾

نسألكم الدعاء لنا بالمغفرة والقبول والدرجات العلى من الجنة ...

أخوكم أحمد محمد الشيخي

إهْدَاء
Dedication

محمد سليمان بوشعالة

الى من
علمني حب
القران وأهله شيخي
محمد سليمان بوشعالة
رحمه الله

آدم حسن الحسناوي

الى من
علمني كل حرف
في كتاب الله شيخي
آدم حسن الحسناوي
حفظه الله

مالك أحمد عودة الله

إلى أخي
في الله ورفيق دربي
الحبيب القريب المهندس
مالك أحمد عودة الله
حفظه الله

شكر خاص
Special Thanks

أتقدم بكل معاني الشكر والعرفان والوفاء والدعاء بالأجر والقبول لكل الإخوة والأخوات الذين ساعدوني في فترة الإعداد سواء (بفكرة أو نصيحة أو طباعة أو ترجمة) أسهمت بشكل مباشر في إخراج هذا الكتاب في صورته النهائية وأخص بالشكر منهم :

الاستاذ الفنان حامد موسى المدير التنفيذي لشركة Chicago Media Track

الاستاذ وليد نبيل لطفي - مصمم الكتاب - المدير الفني - DesignBoxJordan

الأستاذ نصير نور الدين المدير التنفيذي لشركة Applied Algorithms LLC

أخوكم المحب لكم: أحمد محمد الشيخي

الشيخ إبراهيم الدرساوي
القارئ بالمركز الإسلامي بديترويت / مشيغن
إمام المركز الإسلامي

الشيخ كريم راجح
شيخ قراء بلاد الشام

الشيخ احمد عيسى المعصراوي
شيخ عموم المقارئ المصرية

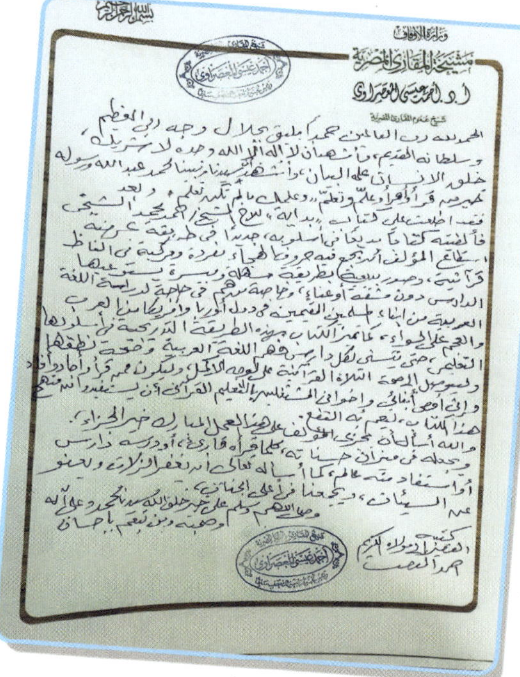

الدكتور يحيى الغوثاني
أستاذ القراءات في المسجد النبوي الشريف
والمتخصص في الإشراف على الحلقات القرآنية

الشيخ محمود بن أحمد العكاوي
شيخ قــراء بيروت

Islamic University Of Minnesota
8201 Park Ave. South
Bloomington , MN 55420
Phone: 001-6128609986
Almeneesey@yahoo.com
I U Of M .com

الشيخ وليد المنيسي
شيخ قراء أمريكا

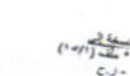

بسم الله الرحمن الرحيم

الحمد لله ربّ العالمين والصلاة والسلام على سيد الخلق والمرسلين، محمد بن عبدالله، وعلى آله وصحبه أجمعين، ومن أهتدى وسار بسنتهم إلى يوم الدين، أما بعد:

فعند انعام النظر في واقع المؤلفات والمصنفات التي تناولت طرق وأساليب تعلم قراءة كتاب الله الجليل لغير الناطقين بالعربية، نجد أنها على عدد أصابع اليد، بل لا تتجاوزها عند الحصر الإجمالي. وقد جاء هذا المؤلف «بدايه» لسد ثلمة في المصنفات المنهجية التي تعالج ضعف وقصور طرق وأساليب التعليم المنهجية لتلك الفئة من المتعلمين ، وليلبي حاجة عملية ملحة لتلك المرحلة العمرية، وتلك الدعوات المتكررة التي تنادي بوضع طريقة مبتكرة تعالج القصور في طرق تعلم كتاب الله تعالى لتلك الفئة من الناشئة في مجتمعاتنا الغربية (الولايات المتحدة الأمريكية ...الخ). وعند استقراء مفردات هذا الكتاب نرى أنه وضع بطريقة علمية مبسطة وميسرة لنشء هذه الأمة ، عبر سلسلة من الخطوات المتسلسلة روعي فيها المعايير العلمية في إعدادها؛ وبناء التسلسل المنطقي لتركيب الكلمة القرآنية ـ والتي تتشكل من جملة من الحروف ـ ومن ثم الجملة القرآنية فالآية القرآنية وصولاً لقراءة الطالب قراءة صحيحة وفق منهج تعليمي صحيح يراعيه معلم القرآن للوصول إلى الغاية المبتغاة.

الدكتور مناف أحمد الكتاني

مستشار الدراسات التربوية والقرآنية

الحمد الله الذي أنزل الفرقان على عبده ليكون للعالمين نذيرا، و أشهد أن لا إله إلا الله و أن محمدا عبده ورسوله، امتن الله تعالى علينا ببعثته، صلى الله وسلم وبارك عليه ما ذرت شمس وتعاقب ليل. و بعد، فلا شك أن العلم بالقرآن و علومه أعظم مواريث النبوة. و إذا ثبت أن العلماء ورثة الأنبياء كما ورد في الحديث، و إذا كان لا رتبة فوق النبوة فلا شرف فوق شرف الوراثة لتلك النبوة كما أشار العلامة عبد الله الشرقاوي في شرح مختصر الزبيدي. و حرصا على توريث أمانة القرآن و تعليمه فقد تفرغ فضيلة الشيخ أحمد الشيخي-حفظه الله- لتصنيف كتاب في تيسير سبل قراءة القرآن للمبتدئين. ثم التمس مني،محسنا بي ظنه، أن أكتب له مقدمة بين يدى هذا الكتاب الذي أنجزه فرأيت أن المؤلف قد أفاد و أجاد و توخى التيسير و أتى على المقصود من حسن الترتيب و جمال العرض و سلك فيه مسلك أهل الفطانة في سوق الدروس في نسق متناغم معتمدا في ذلك على ما حباه الله به من عمر مديد قضاه في تحفيظ القرآن المجيد. هذا، و لم أر المؤلف إلا مشتغلا بالقرآن متنقلا بين حلقات العلم في المساجد و محاضن التربية في المراكز الإسلامية يربي أطفال هذه الجالية و شبابها على مائدة القرآن. كما رأيته يختلف إلى أهل العلم و الرأى يبتغي النصح و التدقيق فجاء هذا الكتاب ثمرة من ثمار هذا السعى الحميد و باكورة من بواكيره التي أسأل الله تعالى أن يكتب لها القبول و لصاحبها الإخلاص و أن يفتح بهذا الكتاب لأبنائنا أبواب الترقي لفهم القرآن الذي لا تنقضي عجائبه و لا تتناهى غرائبه.

و فيما بين يدى القارئ الكريم من صفحات هذا الكتاب ما يصور جوانب الجهد الجهيد الذي قام به الشيخ أحمد الشيخي ليضيف إلى المكتبة القرآنية «بداية» حقيقية أوصي إخواني و أبنائي من أهل القرآن بالاستفادة منها. كما أوصي مؤسساتنا الإسلامية بمدارسة هذا الكتاب و التسابق في مسيرة تعلم القرآن و تعليمه آخذنا نصب أعينا قول النبي الأمين صلى الله عليه و سلم «خيركم من تعلم القرآن و علمه». هذا الحديث الذي كان يرويه التابعي الجليل أبو عبد الرحمن السلمي و هو يعلم القرآن في مسجد الكوفة أربعين سنة و يقول: «هذا الذي أقعدنا هذا المقعد.»

و الحمد لله الذي بفضله تتم الصالحات، و صلى الله و سلم و بارك على نبينا محمد و على آله و صحبه أجمعين.

كتبه الفقير إلى عفو ربه و مولاه: أحمد عرفات

حاصل على الإجازة العالية من الأزهر الشريف و الماجستير من جامعة شيكاغو

و يستكمل حاليا دراسة الدكتوراة في جامعة شيكاغو و يعمل باحثا فيها

Index   صفحة
Page   الفهرس